JN111991

一度読んだら絶対に忘れない

ENGLISH WORD
TEXTBOOK

英単語の教科書

牧野智一

英単語の勉強に、記憶力は必要ない！

「何か“秘密”の英単語記憶法があるんですか？」

「やっぱり、子供の頃から記憶力がよかったんですか？」

私が1万語の英単語が頭の中に入っていると言うと、決まってこのような質問をされます。

中学高校の6年間で習う英単語数は約4000語、一般的な大学の英語の入試に必要な英単語数が約5000語と言われています。それらの数字と比較しても、1万語の語彙力というのは、インパクトのある数字かもしれません。

しかし、自慢ではありませんが、私の記憶力は人並み以下です。私の周囲の人たちも、私のことをむしろ物覚えの悪い人間だと思っているはずです。そんな私が、1万語の英単語の意味を完ぺきに記憶するなんて、到底できるはずがありません。

多くの人が、学生時代に「英単語の勉強＝英単語と意味の丸暗記」と刷り込まれているので、「1万語が頭の中に入っている」と聞くと、「1万語の英単語の意味を記憶している」と、反射的に解釈してしまいますが、じつは、私は記憶なんてしていないのです。

正しくは、私は**「1万語の英単語の意味を類推できる」**のです。

そもそも、世の中には、60万語の英単語があると言われています。もし、本当に1万語の単語の意味を私が記憶していたとしても、せいぜい60分の1をカバーしているにすぎません。

実際、初見の単語に出くわすことなんて、通訳者歴30年以上が経った今でも日常茶飯事です。それでも、初見のいかなる英単語に対しても、私が瞬時に和訳をつくることができるのは、その場で“類推”しているからなのです。

ただ、類推すると言っても、何の根拠もなければ、それは、ただの“当てずっぽう”になってしまいます。

私の類推には、もちろんちゃんとした根拠があります。それは、**英単語の“成り立ち（ストーリー）”**です。

英単語は、「適当にアルファベットを並べてつくられたもの」ではありません。**多くの単語には「基本となる単語（語幹）」があります。その「語幹」と、ラテン語に由来する語源や、接頭辞・接尾辞とが組み合わさることによって、多くの単語は出来上がっています。**

そのため、初めて見る単語でも、その組み合わせに注目することでだいたいの意味が類推できてしまうということなのです。

本書の中に登場する英単語の数自体は、500程度です。ただ、あわせて解説している英単語の「ストーリー」もセットで頭に入れると、**500語が頭に入るだけでなく、1万語近くの英単語の意味も“初見”で類推できる語彙力が手に入る**はずです。

英語の語彙力がなかなか上がらないと悩んでいる人にとって、本書が少しでもお役に立てば幸いです。

牧野智一

【本書の内容と制作方針について】

- 本書は学術研究を目的に制作した書籍ではないので、専門的な歴史・文化・地域性・宗教観・古代文字の表記・言語学的学説・言語の変化過程の解説は省いています。
- 語源および単語の歴史については、諸説ある中から初心者が理解・納得しやすいものを選んで取り上げています。また、1つの単語に対して複数の解釈がある場合、初心者が理解しやすい解釈を選んでいます。
- 一般的に学校教育で使われている用語について、本書の中では独自の理解しやすい呼び名に改めて表現している場合があります。
- 本文中で取り上げているラテン語について、発音をカタカナで併記しています。ラテン語の発音は時代ごとに異なるため、現代人がもっとも発音しやすいものを採用しています。

一度読んだら絶対に忘れない 英単語の教科書 CONTENTS

はじめに
英単語の勉強に、記憶力は必要ない！ 2

ホームルーム①
なぜ、英単語の勉強が苦手な人が多いのか？ 14

ホームルーム②
英単語に必要なのは記憶力ではなく連想力！ 16

ホームルーム③
英単語を連想するための4つのポイント 18

ホームルーム④
本書で取り上げている英単語と構成について 20

第1章 動詞

「動詞」の攻略がすべてのスタート 24

多義語①have
haveの本来の意味は「～を持つ」ではない！ 26

多義語②get
getの本来の意味は「変わる」 30

多義語③take
なぜ、takeの意味はすべてバラバラなのか？ 32

多義語④make
makeの本来の意味は「～を具体化する」 36

同義語①許す
大目に見るか？ それとも、あとくされなく許すか？ 38

同義語②片付ける
使い分けのポイントは「片付けられたときの状態」 40

同義語③捨てる
「捨てる」は「捨て方」で単語が決まる 42

同義語④認める
ネイティブは「認め方」で単語を使い分けている 44

同義語⑤決める
「決める」ときには「状況判断」が必要 46

同義語⑥落とす
「落とす」はビジュアル的イメージが大切 48

同義語⑦ 増える／増やす
「増える」は「増え方」を基準に使い分け 50

同義語⑧減る／減らす
「減る」は「減っていく状況」で判断する 52

同義語⑨測る／量る／計る
「何をはかるのか」で使う単語を決める 54

同義語⑩思う
「思う」は感情に合わせて7つに変化 56

同義語⑪急ぐ
「急ぐ」は「タイミング」が大事 60

同義語⑫教える
「教える」は「何を教えるのか」で使い分ける 62

同義語⑬断る
「断る」は「丁寧の度合い」が使い分けの基準 64

同義語⑭壊れる
どんなふうに壊れているのか「見た目」が大切 66

同義語⑮曲がる／曲げる
「曲がる」の使い分けは「物理的感覚」で 68

同義語⑯見せる
「見せる」は「見た目」の違いで使い分け 70

同義語⑰要求する
「要求する」は「気持ちの強さ」で決まる 72

同義語⑱直す
「直す」は「対象物」によって単語が変わる 74

同義語⑲並べる
「並べる」は「位置関係」を意識して 78

同義語⑳慣れる／慣れている
「慣れる（変化）」と「慣れている（状態）」は別物 80

同義語㉑残る／残す
「残る」は「どんなふうに残っているか」で判断 82

同義語㉒驚く
「驚く」は「心のレベル」で単語を決める 86

同義語㉓起こる
「起こる」は「起こる状況」を正確に見極める 88

同義語㉔遅れる
「遅れる」は「何に遅れる」かで使い分け 90

同義語㉕終わる／終える
「終わる」は「終わったあとの感情や状況」が大事 92

同義語㉖参加する
「参加する」は「規模」が使い分けの基準 94

同義語㉗調べる
「調べる」は「調べる対象」で決まる 96

同義語㉘進む／進める
「進む」は単語ごとのニュアンスを大切に 100

同義語㉙確かめる
「確かめる」は「心配の度合い」で使い分ける 104

同義語㉚話し合う
「話し合う」は状況を判断する 106

同義語㉛続く
「続く」は「どんな続き方」かを意識する 108

同義語㉜喜ぶ
「喜ぶ」レベルで単語が決まる 110

同義語㉝話す
「話し方」で「話す」を使い分ける 112

同義語㉞見る／聞く
「見る」「聞く」は「能動」か「受動」かで単語が変わる 114

第2章 語源

「語源」の組み合わせから単語の意味を連想する 118

語源①man／mani（手）
「手」＋「前に進める」で「操作する」 120

語源②ped／pedi（足）
「百科事典」は「足を使って調べる」 122

語源③voca（声）
「vocation（天職）」は「神の声」である 124

語源④nat（生まれる）
「生まれた」ままの「姿（状態）」が「nature（自然）」 126

語源⑤viv／vit（生きる）
「再び」＋「生まれる」で「revival（復活）」 128

語源⑥mort（死ぬ）
「mortgage（抵当）」は「死ぬ」＋「契約」 130

語源⑦fin（終わる）
「完済する」から「財政」の意味が生まれた「finance」 132

語源⑧ven（来る）
コンビニは、まさに「便利な」お店 134

語源⑨gen（生み出す）
「gene（遺伝子）」は「すべてのものを生み出すもの」 136

語源⑩ject（投げる）
「前に」＋「投げる」で「計画する」 138

語源⑪flo／flu（流れる）
「influence（影響）」は私たちの「中へ」「流れる」もの 140

語源⑫ten／tin（保つ／続く）
「人」を「保つ」で「tenant（テナント）」 142

語源⑬sist（立つ）
「resist（抵抗）」は「反対に」向かって「立つ」こと 144

語源⑭serv（役に立つ）
「service（サービス）」は「役に立っている」「状態」 146

語源⑮duct（導く）
「conductor（指揮者）」は「導く」「人」のこと 148

語源⑯fac（つくる）
「つくる」と「場所」で「factory（工場）」 150

語源⑰volve（回転）
「中に」「回転しながら入る」で「involve（巻き込む）」 152

語源⑱ten／tain（持つ）
「手」＋「持つ」で「維持する」 154

語源⑲pone／pose（置く）
postpone（延期する）は「後ろに」予定を「置く」こと 156

語源⑳que／qui（求める／欲する）
「2回目以降」の「お願い」でリクエスト 158

語源㉑scri（書く）
「手」で「書かれたもの」だから「manuscript（原稿）」 160

語源㉒vend（売る）
「売る」と「人」でvendor（売り子） 162

語源㉓tend（伸ばす／広げる）
「外に」＋「伸ばす」で「延長する」 164

語源㉔puls（押す／打つ）
波動が体の「中」をドーンと「押す」から「impulse（衝撃）」 166

語源㉕lava／laun（洗う）
「洗う」「場所」だから「お手洗い」 168

語源㉖press（押しつける）
「一緒に」「押しつける」から「圧縮する」 170

語源㉗mal（悪い）
「悪い」＋「機能」で「malfunction（故障）」 172

語源㉘ann（年）
「年」「巡る」「こと」で「anniversary（～周年記念）」 174

語源㉙hydr（水）
「水」＋「離れる」で「dehydrate（脱水する）」 176

語源㉚terra（大地／地球）
「テラス席」は「大地」を見渡せる「場所」 178

第3章 接頭辞・接尾辞

「接頭辞」と「接尾辞」の組み合わせから単語の意味を連想する 182

接頭辞①in-／im-（中／内側）
「内側へ」＋「港」で「import（輸入）」 184

接頭辞②in-／im-（反対の）
「imperfect」は「反対の」＋「完全な」 186

接頭辞③ex-(外へ)
前の状態から「外へ離れる」ニュアンスを持つ「ex-」 188

接頭辞④inter-(相互の)
「international(国際的な)」は「相互」+「国家」 190

接頭辞⑤co-/con-/com-(一緒に)
「一緒に」+「働くこと」で「cooperation(協力)」 192

接頭辞⑥de-(離れる)
「つついて相手を遠くへ離す」から「守る」になった「defend」 194

接頭辞⑦dis-(違った方向に)
「違った方向に」+「平穏」で「disease(病気)」 196

接頭辞⑧pre-/pro-(前に/先に)
「薬をもらう前に書いてもらう書類」で「処方箋」 198

接頭辞⑨sub-(下の/次の)
「下の」+「道」で「subway(地下鉄)」 200

接頭辞⑩sur-(超えている)
「超えている」+「料金」で「surcharge(追加料金)」 202

接頭辞⑪uni-(1つの)
「uniform(制服)」は「1つの」+「形」 204

接頭辞⑫bi-(2つの)
「2つの」+「車輪」で「bicycle(自転車)」 206

接頭辞⑬tri-(3つの)
「3つの角度を持つ図形」で「三角形」 208

接尾辞①-able/-ible(可能な)
「eatable(食べられる)」は「食べる」+「可能な」 210

接尾辞②-ive(〜する傾向がある/〜する性質がある)
「塊の」+「〜する性質がある」で「巨大な」 212

接尾辞③-al(〜の/〜な)
名詞の語尾に付いて形容詞になる「-al」 214

接尾辞④-ful(〜でいっぱいの)
「careful(注意深い)」は「注意」+「〜でいっぱいの」 216

接尾辞⑤ -ic（～的な／～が性質の）

「芸術家」＋「～的な」で「artistic（芸術的な）」 218

接尾辞⑥ -ical（～に関する／～上の）

語尾に付くと学術的な単語に変わる「-ical」 220

接尾辞⑦ -ment（動作／結果）

「～すること」という意味に変わる「-ment」 222

接尾辞⑧ -ous（～が豊富な）

「名声」＋「～が豊富な」で「famous（有名な）」 224

接尾辞⑨ -ship（権利／力／関係性）

「ownership（所有権）」は「所有者」＋「権利」 226

接尾辞⑩ -ish（～が顕著な／～っぽい）

語尾に付けて、造語をつくることもできる「-ish」 228

接尾辞⑪ -less（～がない／～しない）

「-less」は「少ない」ではなく「～がない」 230

接尾辞⑫ -ness《抽象名詞》

人によって基準が変わる抽象名詞「-ness」 232

接尾辞⑬ -ee（～される人）

「-ee」は「受動態」の「～される」というイメージ 234

第4章 英単語の「センス」をより磨くために

ネイティブの“語感”を理解する 238

造語をつくる① by

ネイティブが造語をつくるときによく使う「by」 240

造語をつくる② ex-

頭に付けるだけで「元／前」を表わせる 242

造語をつくる③-in-law
日常会話でも使える法律用語「-in-law」 243

造語をつくる④measures
語尾に付けると「～の策」になる 244

造語をつくる⑤proof
「証明」から「耐久力のある」に派生した「proof」 245

造語をつくる⑥ware
語尾に付けると「～製品」になる「ware」 246

文化的背景を知る①外国人の苗字
なぜ、「スミス」という苗字が多いのか？ 248

文化的背景を知る②大母音推移
knowのkを発音しない理由 250

文化的背景を知る③雷
じつは、「雷」という英単語は存在しない！ 252

文化的背景を知る④秋
「autumn＝イギリス英語」「fall＝アメリカ英語」ではない？ 254

文化的背景を知る⑤風変わりな意味の単語
「風変わりな意味の単語」に隠された意外な「文化的背景」 256

文化的背景を知る⑥不死身
「音の響き」からネイティブが「不気味さ」を感じる単語 258

文化的背景を知る⑦宇宙人
「alien（エイリアン）」は「宇宙人」という意味ではない！ 260

文化的背景を知る⑧地中海
歴史的に「真ん中」になった海・地中海 262

文化的背景を知る⑨イングランド
「グレート・ブリテン」と「イングランド」の違い 264

日本人が間違えやすい英単語①仕事
「work」と「job」は同じ意味ではない？ 266

日本人が間違えやすい英単語②お店
「規模」で使い分ける「お店」という意味の単語 268

日本人が間違えやすい英単語③乗る
「乗る」の使い分けのポイントは「乗ったあと」 270

日本人が間違えやすい英単語④座る
「sit down」は、じつはあまり使わないほうがよい？ 272

日本人が間違えやすい英単語⑤知る／知っている
ネイティブは「知る」と「知っている」を使い分けている 274

日本人が間違えやすい英単語⑥身につける／身につけている
「身につける」と「身につけている」は違う 276

日本人が間違えやすい英単語⑦結婚する
「get married to」と「be married to」の違い 278

日本人が間違えやすい英単語⑧練習する
「practice」の本来の意味は「練習する」ではなく「実行する」 280

日本人が間違えやすい英単語⑨守る
「守る」はニュアンスによって4つに使い分ける 282

日本人が間違えやすい英単語⑩怪我をする
怪我の「しかた」で単語が変わる 284

おわりに 286

なぜ、英単語の勉強が苦手な人が多いのか？

「英単語の勉強＝意味の暗記」では失敗する

英単語の学習法と言えば、英単語、意味、英文例を1セットとし、ひたすら暗記する、という方法が一般的です。

そのため、多くの人が、英単語の勉強に取り組んでみて語彙力がなかなか上がらないと、自分の記憶力が低いことが原因だと考えてすぐにあきらめてしまうのです。

しかし、そもそもアルファベット順に単語が並んだ英単語帳を見たり、自分で単語帳などをつくったりして数千語の英単語とその意味を完ぺきに記憶するという勉強法は、相当にハードルが高いと思います。

学生時代、一般的な大学の入試に必要と言われている5000語の英単語の記憶に成功したという人は、おそらく、元々高い記憶力を備えているというような、個人の資質によるところが大きいのではないかと私は考えているくらいです。

トップ通訳者の語彙力は約1万語と言われていますが、では、通訳者が揃いも揃って人並外れた記憶力の持ち主たちかと言うと、そんなことはまったくありません。

断言しますが、**英単語の学習に記憶力はそれほど必要ありません。**

英単語の語彙力を上げるなら、まずは、「英単語の勉強＝英単語の意味を暗記する」という“常識”を捨てることです。

英単語の勉強に本当に必要なのは、じつは記憶力ではなく、連想力なのです。

図 H-1 語彙力がなかなか上がらない理由

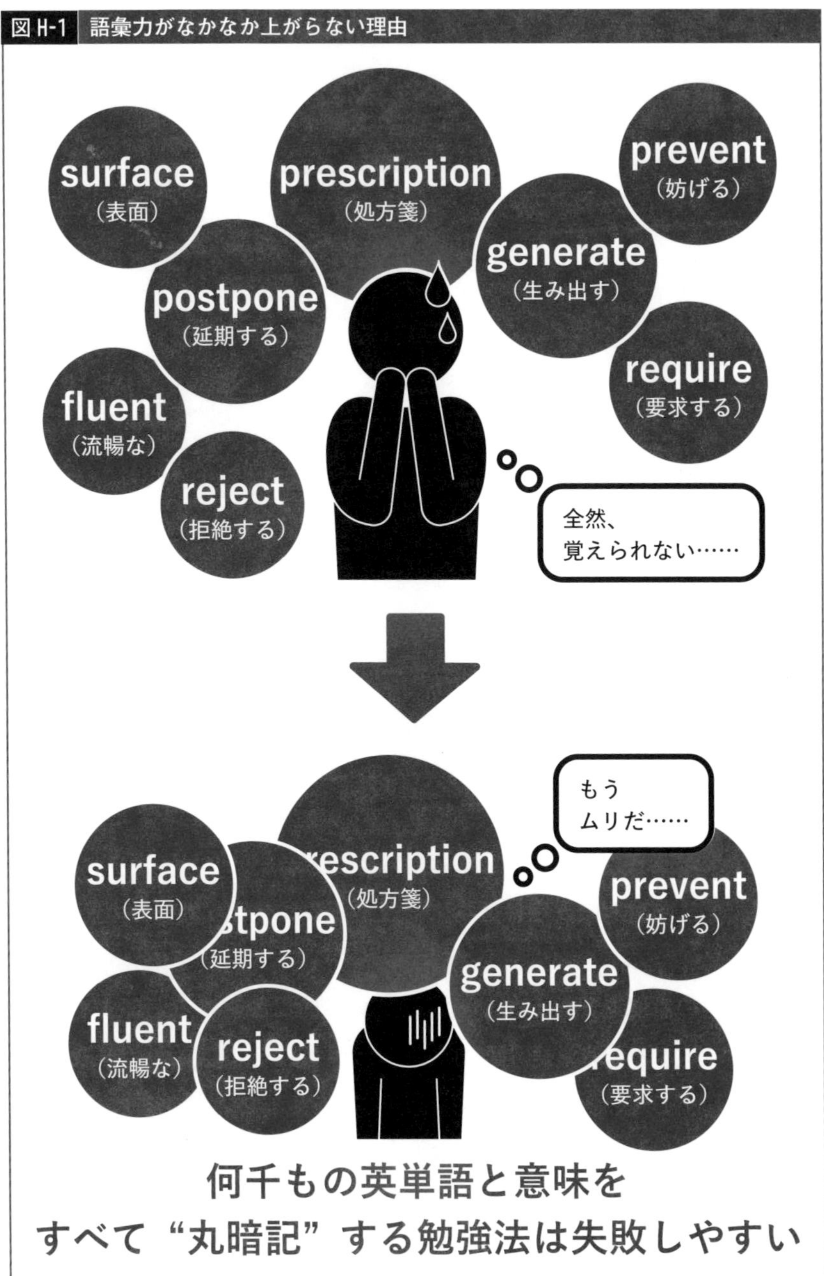

英単語に必要なのは記憶力ではなく連想力！

単語を分解して、語源や接頭辞・接尾辞に着目する

どんな通訳の仕事にも対応できるように、私の頭の中には1万語の英単語が入っています。ただ、「頭の中に入っている」と言っても、1万語の英単語の意味を記憶しているわけではありません。

正確には、私は**「1万語の英単語の意味を類推できる」**のです。

では、私が何をもとにして英単語の意味を類推しているかというと、それは、**単語の"成り立ち（ストーリー）"**です。

単語は、適当にアルファベットを並べてつくられているわけではありません。多くの単語には「基本となる単語（語幹）」があり、英語の長い歴史の過程で、ラテン語に由来する語源や、接頭辞・接尾辞などと、さまざまに組み合わさって1つの単語が出来上がっているのです。

「基本となる単語（語幹）」、語源、接頭辞・接尾辞には、それぞれ固有のニュアンスがあります。例えるなら、部首がさんずいの漢字は水に関連する意味、部首が草冠の漢字は植物に関連する意味を持っているのと同じです。

私が単語の意味を類推している方法を具体的に説明すると、まず、1つの単語を「基本となる単語（語幹）」と、語源もしくは接頭辞・接尾辞に分解します。そして、2つの異なるニュアンスを足すことで生まれる「新たなニュアンス」がどのようなものなのかを類推します。そのうえで、一番適切な日本語を当てはめて和訳をつくるのです。

この方法を習得すると、いかなる初見の英単語でも、その場で意味を類推できるようになります。

図 H-2　英単語の意味の連想法

1. 初見の単語に出会う

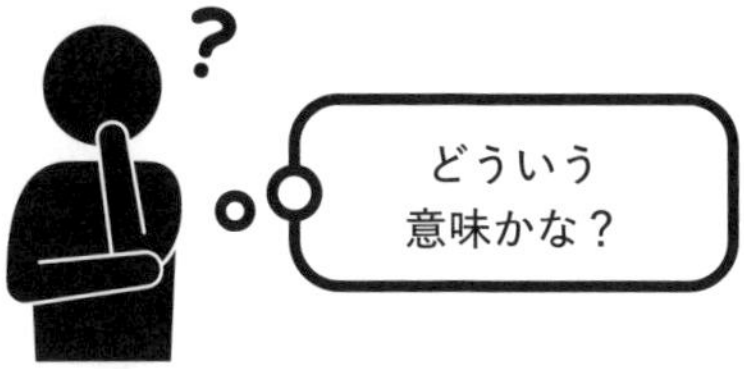

どういう
意味かな？

export

2. 単語を分解する

「外に」と「港」に
分けられるな……

ex- ＋ port
（外に）　　（港）

3.「組み合わせ」から意味を連想する

「港の外へ出る」
ということは……

「港の外に」は
「港の外へ出る」と
いうことだから……

4. 意味を確定する

「港の外に」→「港の外へ出る」→
→「輸出」だ！

英単語を連想するための4つのポイント

4つのポイントを意識しながら、英単語を「理解」する

前項で、「基本となる単語（語幹）」と、語源もしくは接頭辞・接尾辞のニュアンスの組み合わせから意味を類推するとお話ししました。

類推のポイントは、「組み合わせ」を含めて4つあります。順番に説明しましょう。

まず、1つ目のポイントは、前項でお話しした**「組み合わせ」**です。

4つのポイントの中で、「組み合わせ」による連想が、もっとも使用頻度が高くなります。

英語では、何かと何かを足すことによって、新しい単語を生み出すことがよくあります。

例えば、接頭辞の「de-」は「離れる」を意味します。そこに「基本となる単語（語幹）」である「forest（森林）」を組み合わせると、「離れる」と「森林」が合体して「森林を取り除く」というニュアンスになり、「森林を伐採する（deforest）」という意味を連想することができます。

2つ目のポイントは**「気持ちの強さ」という尺度**です。

例えば、ひと言で「思う」と言っても、「なんとなく～だと思う」「じっくり考えて～だと思う」「～だと信じている」というように、さまざまな「思う」があります。

このような気持ちに関する単語の場合、気持ちの強さ（気持ちの程度）を基準にして、単語を使い分けることが多くなります。

3つ目のポイントは**「見た目の（視覚的な）違い」という尺度**です。客観的にその行動を見た場合、どのように映るかということです。

例えば、「話す」は、「人前で話す」のか、それとも「独り言を言う」のか、「みんなで話し合う」のかで、単語を使い分けます。

4つ目のポイントは**「歴史的背景」**です。「歴史的背景」には、当時の「文化」「習慣」「宗教観」なども含まれます。例えば、英語には、1つの単語に対して、複数の意味を持つ多義語があります。

多義語については、すべての意味を暗記しようとしがちですが、それでは、なかなか使いこなせるようにはなりません。

じつは、多義語には「本来の意味」があり、そこから複数の意味が派生しています。そのため、多義語は最初に「本来の意味」をしっかり理解すれば、派生した意味をわざわざ暗記しなくても、すべて連想で対応できるようになるのです。

英単語を勉強するときは、以上の4つのポイントを念頭に置きながら、「暗記」するのではなく「理解」に努めることで、いかなる初見の単語に出会っても、連想で対応できるようになります。

本書で取り上げている英単語と構成について

連想力を磨けて、かつ"使える単語"を厳選

本書で取り上げている英単語数は、約500語です。

街の書店には、3000や4000などの単語数が書名に書かれている英単語本ばかりが店頭に並んでいるので、500語と聞くと、「たった500語を学んだだけで、語彙力は上がらないのでは？」と不安を抱く人が多いかもしれません。

しかし、ここまででお話ししてきた通り、英単語の勉強に一番大切なのは、連想力を磨くことです。

そのため、本書を執筆するにあたり、連想力を上げるために効果的、かつ、ネイティブとの日常会話およびビジネス、海外旅行の場面で頻出である、という2つの基準で500語を厳選しました。

したがって、本書で取り上げている500語について、前述の「連想力を上げるための4つのポイント」をおさえながら「理解」を深めれば、語彙力が短期間で劇的に上がることを実感できるはずです。

記憶力で対応したほうがよい単語について

前に「単語の勉強には、記憶力はそれほど必要ない」とお話ししましたが、なぜ、「それほど」という表現だったかというと、中には、連想力ではなく記憶力で対応したほうがよい単語があるからです。

それは、「家＝house」「猫＝cat」「水＝water」のような、意味が1つで、かつ、つづりから意味が連想できない、単発の単語です。中高６年間で習う英単語約4000語のうち、およそ半分程度がこのような単語にあたります。

ただ、中学と高校で英語の授業を受けてきた人ならおわかりになると思いますが、このような単語は改めて学習する必要がほとんどありません。「語彙力がなかなか上がらない」という相談を私にしてくる生徒たちの多くがつまずいているのは、本書で取り上げている、連想力で対応したほうがよい単語のほうです。そのため、本書では単発の単語は取り上げていません。

本書の構成について

本書では、第１章で多義語と同義語を中心にした動詞を紹介します。続いて、第2章で語源、第3章で接頭辞・接尾辞を切り口にして単語を紹介します。

英単語は100万語以上あると言われているので、当然、語源や接頭辞・接尾辞も膨大な数が存在します。

したがって、本書で取り上げている語源や接頭辞・接尾辞は、ごく一部にすぎません。

ただ、30年以上の同時通訳の経験から、ネイティブとの日常会話およびビジネス、海外旅行にシチュエーションを限定すれば、おさえておくべき語源や接頭辞・接尾辞の数自体は、じつはそれほど多くないと断言できます。

むしろ、初中級者のうちは、本書で取り上げている30の語源と13の接頭辞、13の接尾辞をしっかり理解すれば、単語の連想をするときに困ることはほとんどないはずです。

第1章

動詞

「動詞」の攻略がすべてのスタート

多義語と同義語の連想のポイント

第1章では、動詞を取り上げます。

なぜ、動詞から始めるかと言うと、英語に限らず、ほとんどの言語において、中心的な役割を果たす言葉だからです。

語彙を増やすときも、特に初級者ほど、まずは動詞を中心に勉強することが上達の近道になります。

動詞の中でも、本章で取り上げるのは**多義語**（複数の意味を持つ言葉）と**同義語**（同じ意味を持つ言葉）です。

まず、多義語についてですが、すべての意味を丸暗記しがちですが、その必要はまったくありません。

多義語には、必ず「本来の意味」があります。その「本来の意味」から、長い時間を経てさまざまな意味が派生し、多義語になっているのです。

したがって、**「本来の意味」を理解すれば、その他の派生した意味も連想で対応できるようになります。**

次に、同義語についてですが、そもそも、なぜ英語には同義語がたくさんあるかと言うと、ゲルマン語やラテン語など、複数の言語が混ざってできあがっているという歴史的背景があるからです。そのため、同じような意味を表す単語もたくさん存在することになったのですが、ただ、現在では、前にお話しした通り、「気持ちの強さ」や「見た目の（視覚的な）違い」という基準に沿って、きちんと使い分けがされています。

したがって、最初にその基準を理解することで、簡単にネイティブと同じように単語を使い分けられるようになるのです。

図 1-1 「動詞」の意味の連想法

多義語

単語の「本来の意味」から、さまざまな意味が派生している。
そのため、最初に「本来の意味」を理解すれば、
その他の派生した意味は連想できるようになる。

同義語

「思う」の場合

「気持ちの強さ」などの
尺度を基準にして
もっとも適切な単語を選ぶ。

強
確信の強さ
弱

believe
sure
consider
think
assume
suppose
guess

haveの本来の意味は「～を持つ」ではない！

最初に紹介する動詞の多義語は、英語の中でもっとも登場頻度の高いhaveです。haveを「～を持っている」という意味で覚えている人も多いと思いますが、じつは意味がものすごく多い単語の代表でもあるのです。

では、haveの「本来の意味」からどのようにいろいろな意味へと派生したのか見ていきましょう。

haveの本来の意味は「くっついている」

まず、**haveの本来の意味は、何かと何かが「くっついている」**です。

次の例文を見てください。

I **have** a book.（私は本を持っている。）

「私」と「本」が「くっついている」というニュアンスです。そこから**「～を持っている」**という意味が出来上がります。

例文では、物理的に私と本が「くっついて」いますが、もし「私」と「本」が物理的に離れていたとしても、「私が所有している／私に属している」ことにかわりはないので、haveを使うことができます。

haveの意味に「～を持つ」はない

ここで1つ注意点があります。haveの意味を「～を持つ」と覚えている人がいると思いますが、じつは、**haveの本来の意味に「～を持つ」はない**のです。「～を持つ」は、holdという単語です。Hold this, please.（これ持ってて。）などと使います。

一方、haveは「～を**持っている**」という意味です。一見、「～を持つ」と「～を持っている」は同じような意味に思えますが、ニュアンスは大きく異なります。下の例文を見てください。

○　I **have** a car.（私は車を持っている。）
×　I **am having** a car.（私は車を持っている。）

ついつい「持っている」だから進行形のbe動詞＋～ingと表してしまいがちですが、間違いです。haveには、すでに元々の意味に進行形の「～している」というニュアンスが含まれています（I am having a car.だと「私は車を持っているいる。（？）」というおかしな文になってしまいます）。I have a cat.（私は猫を飼っている。）も同様です。

haveの意味が「～を持っている」のときは、くれぐれも進行形にしないように注意しましょう。

状態や症状を表す

I **have** a cold.（私は風邪を引いている。）

上の例文は、「私」と「風邪」が「くっついている」状態なので、haveを使っているということです。他に症状を表すhaveの例としては、I have a headache.（私は頭が痛い。）などがあります。

「～を食べる」、「～を飲む」

I **had** lunch already.（私はすでに昼食を食べた。）
He **is having** lunch now.（彼は今昼食を食べている。）

「～を食べる」「～を飲む」という意味でもhaveを使います。食べ物や飲み物は、体の中に入るので、まさに体と食べ物が一体化しています。haveの本来の意味の「くっついている」のニュアンスがわかりやすい派生でしょう。

飲食の意味の場合、さきほどの「～を持っている」と違い、「～している」という進行形の意味が含まれないので、「～を食べ**ている**」と表現したいときは**be動詞＋～ingの進行形**にします。haveは意味によって進行形にしたり、しなかったりするので注意しましょう。

ちなみに、「私は昼食を食べる。」という現在形で表現することはほとんどありません。その代わり、過去形のhadで表現する場合が多いと言えます。

その場合、ネイティブは、よく文末にalreadyを付けます。alreadyは完了形のときに使う言葉だと思われがちですが、普通の過去形でも用います。

「～を飼っている」、「～がある」

I **have** a cat.（私は猫を飼っています。） → 一緒にいる
Do you **have** stamps?（切手はありますか？） → 一緒にある

動物などを**「飼う」**、お店などで**「～がある」**という意味でもhaveを使います。これはhaveの本来の意味の「くっついている」から派生した「一緒にいる／一緒にある」というニュアンスからきています。

Do you have stamps?（切手はありますか？）という文の場合、あなたの「お店」に切手が「一緒にある」という意味から「～がある」になります。実際の場面では、店員に「～はありますか？」といった表現でよく使います。

飛行機の中でお茶を飲みたくなったときには、客室乗務員にDo you

have tea?（お茶はありますか？）と言います。

「～を経験する」

We **had** a lot of rain yesterday.（昨日、雨がたくさん降った。）

haveは**「～を経験する」**という意味でも使います。これは、経験したことは自分自身の中に経験として「くっついて」くるので、haveの本来の意味で説明できます。

We had a lot of rain yesterday.（昨日、雨がたくさん降った。）という文の場合、「昨日、雨がたくさん降った」という経験が「私たち」に「くっついた」ことになります。

図 1-2 haveの意味まとめ

I have a book.
➡「私」と「本」がくっついている ➡ 私は本を持っている。

I have a cold.
➡「私」と「風邪」がくっついている ➡ 私は風邪を引いている。

I have a cat.
➡「私」と「猫」がくっついている ➡ 私は猫を飼っている。

I had lunch already.
➡「私」と「昼食」がくっついた ➡ 私はすでに昼食を食べた。

We had a lot of rain yesterday.
➡「私たち」と「昨日、雨がたくさん降ったという経験」がくっついた
➡ 昨日、雨がたくさん降った。

getの本来の意味は「変わる」

getは、ネイティブとの会話で、頻繁に登場する単語です。getの本来の意味は、じつは「～を手に入れる」ではありません。「**変わる／変化する**」です。getの本来の意味の「変わる／変化する」から、どのようにさまざまな意味が生まれているのか、見てみましょう。

「～を手に入れる」、「～を買う」

I **got** this book yesterday. （昨日、私はこの本を買った。）

上の例文の場合、**元々、本は書店の所有物でしたが、お金を払うことで私の所有物に「変わった」**ということです。そこから、ネイティブはgetを**「～を買う」**や**「～を手に入れる」**という意味で使っているのです。

ちなみに、学校では、**I bought** this book yesterday. と習うと思います。どちらも問題なく伝わる正しい表現ですが、ネイティブの多くは、get（過去形はgot）を使います。

状態が変化する「～になる」

もう1つ、getの重要な意味として、状態が変化して「～になる」があります。これはgetの本来の意味そのままです。getのニュアンスがより理解しやすくなるように、be動詞や進行形を使う場合を見てみます。

まず、It is so hot. というようにbe動詞を使うと、「暑い状態が続いていて、これから先もしばらく続く」というニュアンスになります。要は、**be動詞には「変化する」というニュアンスがない**のです。

一方、It got so hot.の場合、今までは「暑くなかった」けれど、「暑い」状態に「変化した」というニュアンスになります。

また、It is getting dark.と進行形でgetを使うと、明るい状態から**だんだん**と「暗い」状態に「変化している」（変化が進行している）様子を表すことができます。他にも、久しぶりに友人の子供を見たときに、You got tall!（背が伸びたね。）と表現すれば、以前に会ったときよりも身長が「変化した」というニュアンスが含まれます。

It **is** so hot.（とても**暑いです。**）⇒「暑い」状態が続いている
It **got** so hot.（とても**暑くなった。**）⇒「暑い」状態に変化した
It **is getting** dark.（暗く**なってきた。**）⇒だんだんと「暗い」状態に変化

「疲れている」／「疲れた」

I **am** tired.　（疲れている。）
I **got** tired.　（疲れた。）

さきほどの例文と同じく、be動詞には**「状態が続いている」**というニュアンスがあります。したがって、I am tired.だと「疲れている（状態が続いている）。」という意味になります。

一方、I got tired.の場合、「(今までは疲れていなかったけど）疲れた(状態になった)。」という意味になります。

ちなみに、I was tired.とbe動詞を過去形にすると、「疲れていた（状態だった)。」と過去に疲れていたことまではわかるものの、現在も疲れているかどうかが判断できなくなるので、普段の会話ではあまり使われません。

なぜ、takeの意味はすべてバラバラなのか？

takeの本来の意味は**「占めている」「占領している」**です。一見、本来の意味と、派生した意味がどれも結びつかないように思えますが、ちゃんと、すべてつながっています。

「〜を取る」、「〜に乗る」

takeは「〜を取る」という意味が一番有名です。「〜を取る」とは、何かモノを「取る」という意味で使われますが、目に見えないものを「取る」こともできます。これは、自分が予約した座席やチケットを「占領する」ことから、「座席やチケットを取る」という意味になります。

I **will take** a reservation.（私が予約を取りますよ。）
He **took** the ticket.（彼はそのチケットを取った。）
We **took** a taxi.（私たちはタクシーに乗った。）

未来形にしても過去形にしても、「〜を取る」という意味は変わりません。

また、漢字は異なりますが「写真を撮る」と言うときにもtakeを使います。Let's take photos.（写真を撮りましょう。）です。こちらもファインダーから見える風景を「占領している」というニュアンスです。

上の例文のWe took a taxi.も、私たちがタクシーを「占領」しています。

takeの「占めている」「占領している」という本来の意味がわかると、以下の文の意味もすべて派生していることが理解できます。

I will **take** my father.（私は父を**連れて行きます。**）

⇒父の時間を「占領する」

Please **take** memos.（メモを**書き留めて**ください。）

⇒紙を「占領する」

I will **take** this one.（私はこれを**選びます。**）

⇒これを「占領する」

Take this medicine.（この薬を**飲んで**ください。）

⇒薬の効果が体を「占領する」

補足ですが、さきほど紹介したhaveにも「〜を飲む」の意味がありますが、「薬を飲む」場合は、Take this medicine.（この薬を飲んでください。）というように、takeを使います。

他に、I will take a bath.（私はこの後お風呂に入ります。）も、お風呂場を「占領する」ので、「お風呂に入る」という意味になります。

「時間がかかる」

It **takes** ten minutes from here to the station.
（ここから駅までは10分かかる。）
It **took** three days to finish this book.
（この本を読み終えるのに3日かかった。）

「時間がかかる」という意味のtakeも、日常会話では頻出表現です。これも、この場所から駅まで行くのに10分の時間を「占領する」ということです。

上の例文のIt takes ten minutes from here to the station.は、外国人が道案内などでよく使う表現です。from［スタート地点］to［ゴール地点］の表現も、よく使われるフレーズです。この場合、takeは現在形の他に過去形でもよく使われます。

「時間がかかる」という意味でtakeが使われる場合、**主語は必ずItになります。**IやHeなどは使わないので注意してください。

また、Itが主語になると、動詞には3単現のsを付ける必要があるので、It takes 〜と表現します。間違えやすいポイントなので、注意しましょう。

ちなみに、「時間がかかる」の他に「(お金が) かかる[cost]」や「お天気」に関することも、Itを主語にします。

takeの受動態「取られている」

もう1つtakeの重要な意味として、takeの「〜を取る」が受動態になった形で、「取られている」があります。

The reservation **is taken.**（その予約は取れていますよ。）
This seat **is taken.**（その席は使います。／その席には別の人が来ます。）

The reservation is taken. を直訳すると「その予約は取られている。」になります。これもtakeの本来の意味「占領する」が受動態になった「占領されている」という意味からきています。自然な日本語にするなら、「その予約は取れていますよ。」になります。「すでに」を付け加える場合は、文末にalreadyを付けてもよいでしょう。

This seat is taken. も、直訳すると「この席は取られています。」になります。この席は「占領されている」というニュアンスから「その席は使います。」「その席には別の人が来ます。」という意味になります。これも日常会話ではよく使われるフレーズです。もっと簡単にIt's taken. と表現することもできます。

図1-3 takeの意味まとめ

～を取る

I will take a reservation.

➡ 予約を「占領する」➡ 私が予約を取りますよ。

～に乗る

We took a taxi.

➡ タクシーを「占領した」➡ 私たちはタクシーに乗った。

～を連れて行く

I will take my father.

➡ 父の時間を「占領する」➡ 私は父を連れて行きます。

選ぶ

I will take this one.

➡ これを「占領する」➡ 私はこれを選びます。

時間がかかる

It takes ten minutes from here to the station.

➡ 駅まで行くのに10分の時間を「占領する」

➡ ここから駅までは10分かかる。

取られている

This seat is taken.

➡ その席は「占領されている」➡ その席は使います。

makeの本来の意味は「～を具体化する」

makeは、学校では「～をつくる」と教わることが一般的です。しかし、makeの本来の意味は**「～を具体化する」「～を引き起こす」**です。

「～をつくる」

「～をつくる」は、本来の意味である「～を具体化する」から派生しています。次の例文を見てください。

I **will make** my own dress.
(私は自分で自身のドレスをつくります。)

それまで「布」だったものが人が着る「ドレス」という服の形に「具体化」しています。

料理でも同様のことが言えます。I will make curry rice.（私はカレーライスをつくります。）は、ジャガイモ、ニンジン、タマネギ、肉などの具材が「カレーライス」という食べ物に「具体化」しています。ネイティブは、makeをこのような感覚で使っているのです。

「～をする」

Make an effort!（努力しなさい！）

makeは「～をする」という意味でもよく使われます。これも本来の意味である「～を具体化する」や「～を引き起こす」から派生しています。

「何かをしていない状態」から努力をすることで行動を「具体化」します。そして、行動や新しい考え方などを「引き起こす」状態になります。この例文では、努力をした後の姿や光景をイメージして使われています。

「〜をさせる」

I **made** him wash the car.（私は、彼に車を洗わせた。）

上の例文のmakeは、「[人] に [物事] をさせる」という意味です。文法用語では、このmakeを**「使役動詞」**と呼びます。

教科書などでは、使役動詞は「O [目的語] にC [補語] させる」と説明されていることが多いと思いますが、これも本来の意味である「〜を引き起こす」から派生しています。「彼が車を洗っていない状態」から「彼が車を洗う状態」を「引き起こす」ということです。

「〜をする」や「〜をさせる」という意味には「〜を引き起こす」という意味が含まれているので、相手の意思にかかわらず強制的に「〜をする」「〜をさせる」というニュアンスになります。

ちなみに、使役動詞のhaveは「義務や仕事として〜させる」、letは「[人] が〜するのを許す」というニュアンスになります。

このように、3つの使役動詞（have、make、let）はそれぞれニュアンスが異なるため、使い分けが重要になります。

大目に見るか？ それとも、あとくされなく許すか？

ここからは、同義語について解説します。

まずは「許す」です。ここでは4つの英単語を紹介します。

「許す」は、類推の2つ目のポイント「気持ちの強さ」です。個人の思いの強さの度合いによって単語を使い分けます。

forgive「（罪やミスを）許す、なかったことにする」

forgiveには、**罪やミスなど「マイナスのこと」を「なかったことにする」**というニュアンスがあります。

したがって、**「これから先、このことであなたをもう責めたりすることはありません」**というニュアンスが含まれます。

I **will forgive** him for being late.
（私は、彼の遅刻を許すつもりだ。）

上の例文は、「彼が遅刻したことは“ミス”ではあるものの、私はもうそのことについて責めたりしませんよ」というニュアンスになります。

excuse「大目に見る」

excuseを使ったフレーズで一番よく使うのはExcuse me.（すみません。）でしょう。

直訳すると、「あなたにとっては邪魔かもしれませんが、大目に見てね。」となります。

I **will excuse** him for being late.
（私は、彼の遅刻を許すつもりだ。）

日本語訳はforgiveと同じではあるものの、ニュアンスが違います。excuseを用いると、**「多少イラッとはするけれど、まあ大目に見るよ」**という意味合いになります。forgiveの「なかったことにする」とは違い、「マイナスをゼロにまではできない」というニュアンスが含まれることになるのです。

allow「（個人に対して）許可する」

I **will allow** my son to buy the guitar.
（私は息子がギターを買うのを許す。）

allowは**「許す」よりも「許可する」**というニュアンスが強くなります。「個人間のやりとり」において用います。上の例文では、「（息子がずっとギターをほしがっていたので、）息子がギターを買うことを許可してあげよう」というニュアンスになります。

permit「（規則や法律的に or 公式的に）許可する」

Parking **is not permitted** in this area.
（このエリアは駐車禁止です。）

個人間のやりとりで用いるallowと違い、permitは「すべての人」が対象です。そこから**「（規則や法律的、公式的に）許可する」**というニュアンスが生まれます。

使い分けのポイントは「片付けられたときの状態」

日本語の「片付ける」は、さまざまなシチュエーションで使える便利な言葉ですが、英語ではそうはいきません。

「片付ける」の使い分けのポイントは「見た目の（視覚的な）違い」です。片付けられたときの状態という見た目の違いによって、単語を使い分けます。

clear ～ up「どこかに持っていく」、「掃除する」

「片付ける」の意味で一番よく使われるのは**clear ～ up**です。

本来の意味は、「どこかに持っていく」「掃除する」です。そこから「片付ける」というニュアンスになります。レストランで食べ終わった食事を片付けて（どこかに持っていって）もらうときにもこの言葉を使います。

下の例文は飛行機の中で食事を終えて片付けてもらうときのフレーズになります。

Could you **clear** this tray **up** ?
（このトレイを片付けてもらえますか？）

clearと似た表現にcleanという単語があります。cleanは「片付ける」ではなく「きれいにする」という意味です。He cleaned the table.（彼はテーブルをきれいにした。）などのように使います。

ただし、clean upになると「後片付けをする」という意味になるので注意が必要です。

 put ～ in order「整頓する」

Put your shoes **in order.**（靴を片付けなさい。）

put ～ in orderは、**「整頓する」というニュアンスから「片付ける」**という意味で使います。orderという単語は「～を注文する」や「～するように命令する」という意味です（名詞として「注文」や「命令」を表すこともあります）が、orderの本来の意味は「秩序」や「順序」です。

さらに前置詞のinは「～の状態で」という意味なので、in orderは「整った状態で」になります。そこにputが付いてput ～ in orderになると、「～を整った状態に置く」が直訳になり、そこから「片付ける」という日本語訳につながります。

上の例文では「靴をきちんと整頓した形にしておきなさい！」というニュアンスになります。「整頓する」なので、要は、見える場所に置いておくということです。clear ～ upや後述のput ～ awayのように自分から見えない場所に持っていくニュアンスとは違うことに注意しましょう。

 put ～ away「元の場所へしまう／戻す」

Put your toys **away** before you sleep.
（寝る前に自分のおもちゃを片付けなさい。）

putはさきほどと同じですが、副詞のinがawayになっています。

awayは「遠くに」という意味なので、直訳すると「遠くに置く」としてしまいがちですが、**put ～ away**で「元の場所へしまう／戻す」という意味です。put ～ backも同様の意味で使われます。

「捨てる」は「捨て方」で単語が決まる

「捨てる」も、日常会話でよく使われる表現です。「捨てる」という意味の単語は、前項と同様、「見た目の違い」によって使い分けます。

throw ~ away「~を捨てる」

She **threw** all the photos **away**. （彼女はすべての写真を捨てた。）

もっとも一般的な「捨てる」という意味の表現は、**throw ~ away**です。throwは「投げる」、awayは「遠くへ／見えない場所へ」という意味なので、合わせて「~を捨てる」になります。上の例文ではthrowとawayの間に「~を」にあたる目的語 (all the photos) を置いています。throw away ~という形で、「~を」の目的語をawayの後ろにも置けます。

litter ~「~をポイ捨てする」

Don't litter the trash on the street.
（道でゴミをポイ捨てしてはいけません。）

litterは「~をポイ捨てする」というニュアンスです。上の例文では「~を」の目的語はtrash「ゴミ」です。trashは、紙くずや空き缶などの小さいゴミに対して使われます。一方garbageも「ゴミ」ですが、これは台所から出るような「生ゴミ」を指します。そのため、garbageと言われると、臭いの強いものや濡れているものをイメージします。

discard ～「(不要物を)処分する」

We **discarded** unusable furniture.
(私たちは使えない家具を処分した。)

discardの意味は「(不要物を) 処分する」です。throw ～ awayやlitterのように気軽に捨てるイメージではなく、トラックなど大きな車を使って捨てるというニュアンスが含まれます。

dump ～「(不適切な場所に)～を捨てる」

Many people **dump** the waste in this mountain.
(多くの人がこの山に廃棄物を捨てる。)

dumpはダンプカー (dump car) のdumpです。本来の意味は「(不適切な場所に) 捨てる」で、不法投棄のようなイメージです。

wasteもゴミの一種ですが、これは「廃棄物」の意味です。何かを使用した後の残骸や残りもののようなニュアンスで使います。

desert ～「～を見捨てる」

We **deserted** our car and ran away.
(私たちは車を捨てて逃げた。)

desertに含まれるニュアンスは「見捨てる」です。名詞としての意味は「砂漠」です。これは「誰からも見捨てられた場所」から派生して「砂漠」の意味として使われています。

ネイティブは「認め方」で単語を使い分けている

「認める」という意味の単語もたくさんあります。使い分けの基準は、「気持ちの強さ」です。ネイティブは、「認め方」のニュアンスの違いによって単語を使い分けます。

 admit ～「～を（しぶしぶ）認める」

She **admitted** her mistake.（彼女は自分のミスを認めた。）

使う頻度が一番高いのが、**admit**です。会話で迷ったら、とりあえずadmitを使えば通じます。

ただし、本来の意味は「～を（しぶしぶ）認める」なので、ニュアンスとしてはあまり前向きな表現ではありません。別の表現で言えば、「否定はしない」という意味合いになるので、上の例文には「彼女はミスをしていないとは言わなかった。」といったニュアンスが含まれます。ちょっと回りくどい表現ですが、ストレートに認めている雰囲気はあまり感じられません。

admitの名詞は、admissionです。admissionを使ってmake an admission of ～と、同じ意味で表現できます。ただ、かなり硬い表現なので、日常会話ではあまり使われません。

 approve of ～「～を（妥当だと）認める」

We **approved of** his proposal.
（私たちは彼の提案が妥当だと認めた。）

approve ofの意味は、「～を（妥当だと）認める」です。「同意する」「賛成する」に近いニュアンスです。approve単体でも同じ意味ではあるものの、通常はapprove ofというようによく熟語にします。少し硬い表現なので、日常会話よりもビジネスでよく使われます。

acknowledge ～「（～の責任／必要性を）認める」

He **acknowledged** the need for exercise.
（彼は運動の必要性を認めた。）

acknowledgeも硬い表現で、ビジネス向きの表現と言えます。意味は、「（～の責任／必要性を）認める」です。

admitと違い、**acknowledgeには素直に認めているニュアンスがあります。**上の例文では、（「医者から、このままだと生活習慣病になるよと忠告されているし、やっぱり運動は必要だよな。」と思って）彼は運動の必要性を認めた、といったニュアンスになります。ちなみに、knowledgeは「知識」という名詞です。acknowledgeとは関係がありません。とても似ていますが、混同しないように注意しましょう。

recognize ～「～を（事実だと）認める」

Everyone **recognizes** his talent.（誰もが彼の才能を認めている。）

recognizeは「認識する」という意味で覚えた人が多いかもしれませんが、これも「～を認める」という意味で使われます。

本来の意味は「～を（事実だと）認める」なので、「それは間違いない」というニュアンスになります。ちなみに、上の例文で主語になっているeveryoneは「単数扱い」なので、動詞に3単現のsが付きます。

「決める」ときには「状況判断」が必要

「決める」という意味の単語は、他の動詞と比べてもニュアンスの使い分けがより重要になります。なぜなら、使い分けの基準は、「気持ちの強さ」になるものの、他の同義語と比べると、非常に細かい「心持ちの違い」によるからです。

decide ～「（さまざまな可能性を考慮して）～を決める」

We **decided** the best departure date.
（私たちは、もっともよい出発の日にちを決めた。）

decideには、**「（さまざまな可能性を考慮して）～を決める」**というニュアンスがあります。

次に登場するdetermineと異なるのは、「いろいろと考えて」決めるという点です。

上の例文では、いくつかの候補日があったけれど、いろいろな要因を考慮して「この日が一番よいと決めた」ということになります。

determine ～「（決心して）～を決める」

I have to **determine** what to do in the future.
（私は、将来何をすべきかを決めなければならない。）

determineは、**「（決心して）～を決める」**というニュアンスなので、

decideと違い、あれこれ可能性を考えるというニュアンスはありません。むしろ、**「スパッと決める」「思い切って決める」というニュアンスが強くなります。**

decideとdetermineでは、「相手が受け取るニュアンス」が大きく異なるので、しっかりと使い分けましょう。

ちなみに、例文で使われているwhat to doの部分は疑問詞と不定詞が合体しており、訳し方も「何を〜すべきか」というように、通常の不定詞とは異なります。日常会話よりも、文章でよく目にする表現です。

settle 〜「〜を（最終的に）決める」

She **settled** where she lives after marriage.
（彼女は結婚後に住む場所を決めた。）

settleは**「〜を（最終的に）決める」**というニュアンスです。

settleにはdecideやdetermineのような、どうやって決めたかという「過程」のニュアンスがありません。「最終的な決定」というニュアンスが強くなるため、「今後、この決定に変更はない」という意味合いで相手に伝わります。裁判の判決などでsettleがよく使われます。日常会話で登場する頻度としては、decide＞determine＞settleという順です。

「落とす」はビジュアル的イメージが大切

「落とす」という意味の単語の使い分けの基準は、「見た目の違い」です。各単語のニュアンスが大きく異なるため、他の単語で代用することが難しくなります。

drop ～「（物理的に）～を落とす」

She **dropped** all the eggs.
（彼女は卵を全部落とした。）

「落とす」という言葉に一番ピッタリくるのが、**drop**です。これは「（物理的に）～を落とす」の意味なので、上から下に向かって、重力が働いて何かが落ちるイメージです。

dropを過去形にするときは、edの前にpがもう1つ付いてdroppedになります。

lower ～「～（の高さ）を下げる」

We should **lower** the partition.
（私たちはパーティションの高さを下げるべきだ。）

lowerの意味は、「～（の高さ）を下げる」です。dropと違って、重力のままに「落ちる」イメージではありません。「人が、意思をもって低い位置へずらす」というニュアンスになります。

また、lowerは物理的な「上から下」だけでなく、音量を「下げる」、数値を「下げる」などの意味で使うこともよくあります。

slow down「スピードを落とす」

You must **slow down** more.
（もっとスピードを落としなさい。）

slow downは、日本語でも「スローダウン」という言葉が定着しています。
「スピードを落とす」といっても、**急減速ではなく、「ゆっくり」落とすニュアンス**です。機械や車などのスピードだけでなく、話すスピードや勢いを弱める、というニュアンスでも使われます。

wash ～ off「～の汚れを落とす」

I cannot **wash** the coffee stain **off**.
（コーヒーのシミを落とせない。）

wash ～ offは、落とすと言っても、「～の汚れを落とす」という意味です。
washだけでも「洗う」の意味ですが、wash ～ offで「洗い落とす」というニュアンスになります。付着物を落とすイメージです。
似たような単語にcleanがありますが、これは「きれいな状態に戻す」「原状復帰する」「ものを片付ける」というニュアンスになり、wash ～ offの「～の汚れを落とす」とは、少し異なります。

「増える」は「増え方」を基準に使い分け

「増える／増やす」という意味の単語の使い分けの基準は、「見た目の違い」です。

ここでは、自動詞（後ろに目的語になる名詞を置かない）と他動詞（後ろに目的語になる名詞を置く）の2つに分けて解説します。

【自動詞①】increase「増える／上がる」

The number of babies **is increasing.**
（出生数が上昇する。）
The prices in Japan **have been increased.**
（日本での物価が上昇した。）

increaseは、自動詞と他動詞の両方でよく使われる単語です。**日本語の「増える」に一番近い**イメージといえます。

物質的な量や数が「増える」だけでなく、人気などの概念が「上がる／大きくなる」というニュアンスでもよく使われます。ちなみに、「物価」はpricesと複数形になります。

【自動詞②】grow「（需要が）増える」

The demand of oil **is growing.**（石油の需要が増えている。）

growは、**「増える」というよりも、「膨らむ」や「成長する」**というイメージです。「私は名古屋で育ちました。」は、I grew up in Nagoya. と表現します。体が大きくなって大人に成長した、というニュアンスが出ています。**数が増えるというより、そのもの自体が膨らんで体積が大きくなる**というニュアンスを出したい場合に、increaseではなくgrowを使います。

【他動詞①】increase ～「～(の数／量／割合／生産)を増やす」

The company **increased** our salaries at last.
(会社はついに私たちの給料を増やした。)

他動詞のincreaseも、自動詞とイメージは同じです。目的語となる名詞（上の例文ではour salaries）を付けて「～を増やす」という意味で使います。

【他動詞②】multiply ～「～を(大量に)増やす」

He **has multiplied** his wealth in a short term.
(彼は短期間で資産を大量に増やした。)

multiplyは、**「～を倍々に増やす」**というイメージです。increaseとは増え方のスピードが違います。かけ算にもmultiplyを使うことから、「ドカンと増える」と表現してもよいでしょう。

たとえば、「3×5＝15」は、3 multiplied by 5 is 15. と表現します。

「減る」は「減っていく状況」で判断する

「減る／減らす」という意味の単語の使い分けの基準は、「見た目の違い」です。前項と同様、自動詞と他動詞の2つに分けて解説します。「減る／減らす」を意味する単語はたくさんあるため、ネイティブが使う頻度が高い単語を厳選して紹介します。

【自動詞①】decrease「（数／量／大きさ／割合が）自然と減少する」

The volume of water level of the lake **is decreasing.**
（湖の水位がだんだんと減少している。）

「減る」という意味で一番よく使われるのはdecreaseです。自動詞、他動詞の両方でよく使われる単語です。

decreaseの対義語は「増える／増やす」で解説したincreaseです。**decreaseは、「人が意図的に何かを減らす」ではなく、"自然に" 減るというニュアンスが強調されます。**ただ、日常会話で用いると少し硬い表現でもあるので、go downやcome downを代わりに使うことも多いです。

【自動詞②】decline「（ある期間で継続的に）減少する」

The demand of oil **has declined** for these few months.
（石油の需要がここ数カ月で減少している。）

declineは「（ある期間で継続的に）減少する」という意味ですが、使う頻度はあまり高くありません。本来の意味は「わきへ曲げる」なので、「断る」「傾ける」という意味で使う場合が多いです。また、「わきへ曲げる」という意味から派生して「下へ曲げる」となり、「減少する」というニュアンスが生まれました。

declineには「ある期間で継続的に」というニュアンスがあるため、for three years（3年間で）など、期間を表す言葉とセットになる場合が多くなります。

【他動詞①】decrease ～「～(の数／量／大きさ／割合)を徐々に減らす」

We must **decrease** crime in this city.
（我々はこの街の犯罪数を減らさなければならない。）

他動詞として使うdecreaseは、自動詞の「自然と」よりも、**「徐々に」何かを減らすというニュアンスがより強調されます。**

また、自動詞とは異なり、他動詞のdecreaseは人を主語にすることもできます。

【他動詞②】reduce ～「～(の数／量／大きさ／割合)を意図的に減らす」

We must **reduce** the cost immediately.
（我々はコストを早急に減らさなければならない。）

reduceは、decreaseととてもよく似ている単語ですが、**「意図的に」減らすというニュアンスが強い**のが特徴です。I reduced my weight by 20kg.（私は体重を20キロ落とした。）などと表現します。

「何をはかるのか」で使う単語を決める

日本語の「はかる」という言葉には、さまざまな漢字が割り当てられています。ここでは、その中でも「測る」「量る」「計る」という漢字に該当する単語を紹介します。

measure「(長さ／距離／面積／速度／温度)を測る」

Please **measure** the size of this box.
(この箱の寸法を測ってください。)

一番ベーシックな単語はmeasureです。会話で困ったらこれを使えばとりあえず大丈夫です。さまざまなものが対象になりますが、**「長さ」を測るときに一番よく使われます。**

日本語で巻き尺のことを「メジャー」と言うこともあり、この単語を「メージャー」と発音している人がいますが、これではネイティブには通じません。正しい発音は「ミィージャー」です。「メジャー」と発音してしまうと、major「主要な」という別の意味の単語になってしまいます。

weight「(重さ)を量る」

I **weight** myself every day.(私は体重を毎日量っている。)

weightは**「重さ」を量るときに使われます。**これは他の単語では代用できません。weightは名詞の「重さ」や「体重」の意味しかないと思っている人もいますが、動詞としてもよく使われます。

measure「（内容量）を量る」

Can you **measure** the capacity of this tank?
（このタンクの容量を量ることはできますか？）

「量る」という意味の単語として当てはまるのも**measure**です。日本語では異なる漢字が割り当てられているので、同じmeasureでもあえて分けて記載しました。「量る」は、容量など体積を量るときに使われます。日常会話の中ではそこまで意識しないかもしれませんが、英作文を書くときにはしっかり使い分けましょう。

time「（時間）を計る」

Let's **time** ourselves in the 50-meter dash.
（50m走のタイムを計ってみましょう。）

「（時間を）計る」は、「計測する」という意味なので、**time**が当てはまります。「時間」という名詞の意味だけでなく、動詞の「〜を計る」という意味としても、timeをよく使います。weightと同様、timeも他の単語では代用できません。

また、〜timesで「〜倍」を表現することができます。ただし、timeは3倍以上で使います。2倍の場合は、twiceです。

This park is three times as large as that one. で、「この公園はあの公園より3倍大きい。」という意味になります。

「思う」は感情に合わせて7つに変化

日本語の「思う」は使い勝手のよい言葉ですが、英語の「思う」という意味の単語は**「確信の強さ」によって使い分けられています。**そこで、ここでは「確信の強さ」が大きい順に紹介します。

I believe (that) ～「～だと信じている」

I **believe that** he will pass the exam.
(彼は絶対その試験に合格すると思う。)

もっとも確信が強いのは、**believe**です。「信じる」と和訳されるだけあって、聞き手に「"絶対" にこうなると思っている」という強い印象を与えます。「信じている」ので、**確信の強さは「100%」**です。

上の例文におけるbelieveの後ろにはthatを入れていますが、省略することもできます。以降の項目は、すべてthatを省略します。

I'm sure (that) ～「～だと確信している」

I'm **sure** it rains this afternoon.
(今日の午後は絶対雨が降ると思うよ。)

I'm **sure** (that) ～は、「～だと確信している」という意味になります。日本語訳だけを見ると、believeの「信じている」と同じくらいのニュアンスがあるように思えますが、**確信の強さは若干下がり、「90%」くらい**

です。上の例文のニュアンスとしては「絶対に雨が降るとは思うけど、万が一、降らないかもしれない」といった感じになります。

I consider (that) ～「(よく考え抜いた上で)～だと思います」

I **consider** we had better stop the project right now.
(そのプロジェクトを今すぐ中止すべきだと思います。)

considerは、次に紹介するthinkとニュアンスが少し似ています。ただ、**considerのほうがthinkよりもじっくり考えているイメージ**です。単語帳や辞書では「熟考する」「考慮する」と出ています。文章ではよく目にする単語ですが、日常会話ではthinkのほうがよく使われます。

I think (that) ～「(よく考えた上で)～だと思います」

I **think** we should study English for our future.
(将来のために英語を勉強しておくべきだと思います。)

thinkのニュアンスは、**日本語の「思う」に一番近い**といえます。

また、thinkは後ろにthat～の形だけでなく、副詞や前置詞を置き、熟語として表現するものがたくさんあります。一度にすべてを覚えるのは大変なので、文章や会話の中で見つけたら、その都度覚えるようにして語彙を増やすほうがよいでしょう。

I assume (that) ～「～だと推測する(決めつけている)」

I **assume** this product sells well. (この製品は売れると思います。)

assumeは「思う」というよりも**「～だと推測する／～だと決めつけている」**といったニュアンスになります。considerやthinkのようにしっかり考えている感じはありません。assumeはどちらかといえば「こうなるといいなあ」といった主観的な希望が含まれています。

I suppose (that) ～「おそらく～だと思います」

I **suppose** this work will be finished by tomorrow.
（この仕事はおそらく明日までには終わると思います。）

supposeは**「おそらく～だと思う」の「おそらく～だと」の部分のニュアンスが強くなります。**「思う」も考えるというニュアンスより「想像する」や「仮定する」のほうが当てはまります。

考えているイメージはないので、確信の強さは低くなります。

I guess (that) ～「～なんじゃないかな？」

I **guess** it will be fine tomorrow.（明日は晴れるんじゃないかな？）

guessは「～なんじゃないかな？」という意味になり、**もはや「思う」というニュアンスはほとんど含まれません。**上の例文でも、「明日は晴れるんじゃないかな？（知らないけど）」と、「考えている」というニュアンスは、ほぼゼロになります。

guessは、「思う」というよりも「思いついたことを言う」「推測する」「予測する」というニュアンスといえます。

guessで気をつけるべきポイントは、uの部分を発音しないことです。「グエス」ではなく「ゲス」になります。

図 1-4 「思う」という意味の単語まとめ

確信の強さ

I believe (that) 〜「〜だと信じている」

I believe he will pass the exam.
（彼は絶対その試験に合格すると思う。）

I'm sure (that) 〜「〜だと確信している」

I'm sure it rains this afternoon.
（今日の午後は絶対雨が降ると思うよ。）

I consider (that) 〜「（よく考え抜いた上で）〜だと思います」

I consider we had better stop the project right now.
（そのプロジェクトを今すぐ中止すべきだと思います。）

I think (that) 〜「（よく考えた上で）〜だと思います」

I think we should study English for our future.
（将来のために英語を勉強しておくべきだと思います。）

I assume (that) 〜「〜だと推測する（決めつけている）」

I assume this product sells well.
（この製品は売れると思います。）

I suppose (that) 〜「おそらく〜だと思います」

I suppose this work will be finished by tomorrow.
（この仕事はおそらく明日までには終わると思います。）

I guess (that) 〜「〜なんじゃないかな？」

I guess it will be fine tomorrow.
（明日は晴れるんじゃないかな？）

「急ぐ」は「タイミング」が大事

ひと言で「急ぐ」と言っても、急ぎ方や急ぐ様子はさまざまです。英語では、「急ぎ方」の違いで単語を使い分けます。

日本語には、「急ぐ」の他に「急いで」という副詞の表現もありますが、ここでは動詞に絞って解説します。

hurry「いつもより早く行動する」

You should **hurry** not to be late.
(遅刻しないように急ぎなさい。)

日本語の「急ぐ」という意味に一番ピッタリな単語は**hurry**です。

hurryの「急ぐ」には、**「いつもより早く行動する」**というニュアンスがあります。そのため、「いつも」と「今日」は違うことが前提になります。

したがって、hurryは「習慣的なこと」に対してよく使われます。

上の例文では、「(いつもは7時に家を出ているけれど、今日は6時45分に出なければいけないのだから、)遅刻しないように急ぎなさい(つまり、いつもより早く行動しなさい)」というニュアンスになります。

rush「急いで行く」

He **rushed** to her.(彼は彼女のところに急いで行った。)

rushは「急いで行く」という意味なので、「移動する速さ」が速いことになります。

つまり、「動作」や「移動」が伴っていなければrushは使えません。その点ではhurryの「習慣的なこと」とは異なります。

 hasten「急に行動する」

I **hastened** to buy the train ticket.
(私は急いで列車の切符を買った。)

hastenは、日本人はあまり聞き慣れない単語かもしれませんが、ネイティブはよく使います。

hastenは「急に行動する」という意味です。意味はrushと似ていますが、**rushは「動きが速い」、hastenは「急に動き出す」というニュアンスの違いがあります。**「急に」動くのが、hastenのイメージです。

また、hastenは後ろにto＋動詞の原形の不定詞が付くことが多く、上の例文のようにhasten to buyで「急いで買う」といった使い方をします。

hastenは、発音にも注意が必要です。つい「ハストゥン」と言ってしまいそうになりますが、正しくは「ヘイスン」です。tは発音しません。

「教える」は「何を教えるのか」で使い分ける

「教える」は、日本語ではさまざまな場面で使える万能な言葉ですが、英語の場合は、非常に細かいニュアンスの違いで使い分けます。

teach ～「(学問／技術)を教える」

Mr. Sato **teaches** English.(佐藤先生は、英語を教えている。)

「教える」という意味で一番はじめに思いつくのがteachでしょう。teachの意味は「(学問／技術)を教える」です。teachに-erを付けると、「教える人」を表す「先生」になります。

teachで1つ気をつけたいのは、**「教える」という動作は日々の「習慣的なこと」にあたるため、「教えている」と言っても、～ingを付けた進行形にはせず、現在形で表す**ことです。

tell ～「～を伝える」

Tell me the story.(その話を教えてよ。)

tellは、**「教える」より「伝える」というニュアンスが強い**単語です。teachとは異なり、学問や技術に関することでtellは使いません。専門的ではなく、もっと砕けた話や、日常のネタのようなときにtellを使います。

tell＋[人]＋[事柄]のように、後ろに人と事柄を指す名詞が続くので、「[人]に[事柄]を話す」というニュアンスでも使います。

show ～「～を見せながら説明する」

Can you **show** me the way to the station?
（駅までの道を教えていただけますか？）

showは「（～を）見せながら説明する」という意味です。上の例文のように、道を尋ねるときは地図や実際の街並みを指しながら「この道をまっすぐ行き、次の信号で左に曲がって」というように実際に指を差して見せながら説明すると思います。まさに、showには、そのような身振り手振りというニュアンスがあります。

また、「（～を）見せながら説明する」なので、「目を使う」というイメージがとても大切です。例えば、マジックショー（a magic show）や、ファッションショー（a fashion show）、テレビのバラエティー番組（a variety show）などの言葉には、「目を使う／見せる」というニュアンスがとてもよく表れています。このようなニュアンスは、teachやtellにはありません。

「断る」は「丁寧の度合い」が使い分けの基準

ネイティブは、「断り方」によって、単語を使い分けています。「断る」ということは、相手が提示したことを退ける行為なので、ニュアンスの違う単語を使ってしまうと相手の気分を損ねたり、場合によっては喧嘩に発展したりしてしまうこともあります。

refuse ～ ＝turn down ～「～を断る」

He **refused** my proposal.（彼は私の提案を断った。）
He **turned down** my proposal.（彼は私の提案を断った。）

「断る」という意味の単語の中で、もっともベーシックなのが**refuse**です。会話ではturn downをよく使いますが、ニュアンスはどちらも同じです。

refuseは、「断る」という“事実だけ”を述べるニュアンスで、感情は入っていません。**「断る」という事実だけを淡々と伝えるニュアンスになるので、使い勝手のよい単語でもあります。**どれを使うか迷ったら、とりあえずrefuseを使えばトラブルが起こることはほとんどないでしょう。

decline ～「～を（丁寧に）断る」

He **declined** my proposal.（彼は私の提案を丁寧に断った。）

「減る／減らす」の項目でも登場した**decline**は、「～を断る」という意味でも使われます。**refuseよりも“丁寧に”断るニュアンスがあります。**「丁重にお断りする」と和訳してもよいでしょう。

「丁寧にお断りする」という和訳からもわかる通り、**「主観的な気持ち」が込められています。** その点が、refuseとは異なります。もちろん、declineを用いたからと言って、突き返しているニュアンスが出るわけではないので、相手を特別嫌な気持ちにさせることはありません。

reject ～「～を拒絶する」

He **rejected** my proposal.（彼は私の提案をはねつけた。）

「断る」という意味を持つ単語の中で、もっとも使用に気をつけるべきなのが**reject**です。

rejectは「～を拒絶する」というニュアンスを含む、かなり強いトーンの言葉になります。喧嘩の場面で使うような言葉とも言えます。

rejectはreとjectに分けられ、reは「相手に」、jectは「物体」や「投げつける」という意味です。上の例文を直訳すると、「彼は私の提案を私に向かって投げつけてきた。」になることからも、この単語の強さが十分わかるでしょう。ただ、「-ject」自体はそれほど強い言葉ではありません。pro「前方に」とject「投げつける」が組み合わさるとproject「計画」になりますし、projectの後ろにorを付ければprojector「プロジェクター（投影機）」になります。

言葉にインパクトがあることから、ドラマや映画の中でrejectがよく登場します。日常会話でrejectを使うのはあまりオススメしません。「日常会話で使わないほうがよいなら、わざわざ載せなければいいのに」と思うかもしれませんが、学校では習う単語なので、「会話で使うのを避けたい言葉」という位置づけで今回取り上げました。

どんなふうに壊れているのか「見た目」が大切

「壊れる」という意味の単語は、「見た目の違い」によって使い分けられます。日本語では、「壊れている」という状態や、「壊す」という動作の表現もありますが、英語ではあまり使われません。

be broken「(元に戻せないほど)壊れている」

This guitar cannot be used anymore, because it **is broken.**
(このギターはもう使えない、壊れているから。)

be brokenは「(元に戻せないほど) 壊れている」というニュアンスです。「もう修理はできない感じなのか……」と、相手は状況や状態を理解することができます。

物に対してだけでなく、人に対してもbreakかbreak upを使えます。I broke up with her.(私は彼女と別れた。)という文では、「なるほど、もう彼女とよりを戻すことはないのか」というニュアンスが相手に伝わります。

be damaged「損傷を受けている(でも、直せば使えるかも)」

This table **is damaged** so much.
(このテーブルはボロボロだ［でも、直せば使えるかも］。)

be damagedは「損傷を受けている（でも、直せば使えるかも）」というニュアンスです。修復不可能なbe brokenとは、相手への伝わり方が大きく異なります。「隠れた気持ち」という「言語化されない部分」は、日本語でも英語でも、非常に重要です。これがコミュニケーションの根幹であり、「相手に伝える」という言葉の面白さでもあります。

out of order「（機械が）故障中」

That ATM is **out of order** now.（そのATMは今故障中ですよ。）

out of orderは「（機械が）壊れている」というニュアンスから「故障中」という意味になります。上の例文のorderは「正常な状態」の意味になり、out of ～は「～の外へ」なので、「正常な状態から外れている」から「故障中」となります。

似たような表現にout of serviceがあります。これは「使用不可」という意味です。必ずしも故障しているとは限りませんが、「使えない」ことに変わりはないので、ほぼ同じ意味と考えて問題ありません。

ATMの代わりにcash dispenserという表現もありますが、ATMでもネイティブには伝わります。

ちなみに、海外に行くと自動販売機などに「out of order」とだけ書かれた紙が張られているのを目にすることがよくあります。屋外に自動販売機が設置されているのは、私が知る限りでは日本とシンガポールくらいだと思います。両国は、それだけ治安がよいということかもしれません。アメリカの自動販売機は、屋外ではなく室内にあることが多い印象です。

「曲がる」の使い分けは「物理的感覚」で

「曲がる」や「～を曲げる」を意味する単語も、それぞれニュアンスが大きく異なります。使い分けの基準は、「見た目の違い」です。

【自動詞①】turn「（ある方向に）曲がる」

Please **turn** left at the next corner.
（次の角を左に曲がってください。）

turnは、**日本語の「曲がる」という表現にもっとも近い単語**です。道案内の場面でよく使われます。

ただ、**turnには「直角に」曲がるというニュアンスがあります。**上の例文ではturn leftとしていますが、turn to the left（左の方面に曲がって）と、to theを間に挟む表現もあります。

相手には伝わるものの、曖昧な表現とも言えるので、会話ではあまり使われません。

【自動詞②】curve「（弧を描いて）曲がる」

The road **curves** to the right.（道が右のほうに曲がっている。）

curveには、**"弧を描いて"曲がるというニュアンスがあります。**turnの「直角」とは違って、「ゆるやかなカーブ」のイメージです。

上の例文では、to the right（右のほうに）と表現しています。

【他動詞①】bend ～「～を曲げる」

We **bend** bamboo to make the basket.
（竹を曲げて、このカゴをつくる。）

bendは「(物などを）曲げる」という意味です。bendもturnの「直角」ではなく、curveのように**“弧を描いて”曲げる**というニュアンスがあります。「湾曲させる」とも表現できます。

【他動詞②】twist ～「～をひねる」

Please **twist** your upper body.（上半身を横に曲げてください。）

腰をひねりながら踊るダンスをツイスト、ねじれたパンをツイストパンと呼んだりすることからもわかる通り、**twist**は「曲げる」というよりも「～をひねる」というニュアンスが強くなります。

【他動詞③】distort ～「（話の内容を）ゆがめる」

He has a tendency to **distort** stories and tell them.
（彼は、話を曲げて伝える癖がある。）

distortは物理的な「曲げる」ではなく、「(話の内容を）ゆがめる」というニュアンスです。have a tendency to ～で「～の傾向がある／癖がある」という意味の熟語になります。have a tendency to～の代わりに、tend to ～を使うこともできます。

「見せる」は「見た目」の違いで使い分け

日本語の「見せる」は日常でよく使われる言葉ですが、英単語の場合、それぞれの単語のニュアンスが少しずつ違います。「見る」という表現もありますが、ここでは「見せる」に絞って紹介します。

show ～「～を見せる」

Show me your new car.（君の新しい車を見せてよ。）

showは「教える」の項目でも登場しましたが、「～を見せる」という意味でも使われます。「見せる」という意味の単語の中で、showはもっともベーシックなので、迷った場合はとりあえずshowを使っておけば問題ありません。

また、showは第4文型になる動詞なので、showの後ろには［人］［物］の順番で名詞が2つ続きます。

display ～「（目立つように）～を見せる／陳列する」

Please **display** the new products in front.
（新商品は前側に陳列してください。）

displayは、**ただ見せるのではなく、「目立つように」見せたり陳列したりするときに使います。「きれいに見せる」**というニュアンスが強いので、displayの後ろに置く目的語（名詞）は価値のある商品や芸術作品などの言葉になります。

reveal ～「（見えていないものを）見せる」

He **revealed** his white teeth to me.（彼は私に白い歯を見せた。）

revealは「（見えていないものを）見せる」という意味です。**「（隠されたものを）明らかにする」「（見えていなかったものを）表に出す」というニュアンスが含まれます。**

revealの元々の意味は「覆いを取る」です。その意味から派生していると考えれば、revealのニュアンスが理解しやすいでしょう。

日本語に「ベールを脱ぐ」という言葉があります。「今までわからなかったものの正体が明らかになる」という意味で使われますが、これが、まさにrevealの持つニュアンスです。ただし、「ベールを脱ぐ」の「ベール」はvealではなくveilという単語です。

また、「ベールを脱ぐ」という日本語に引っ張られて、revealを「リベール」と発音しがちですが、正しくは「リビール」です。

revealは、会話や英作文の中で積極的に取り入れて、使いこなせるようになりたい単語です。

「要求する」は「気持ちの強さ」で決まる

「要求する」は相手に何かを求める表現なので、違うニュアンスの単語を使うとトラブルになる可能性があります。「気持ちの強さ」を基準にすると、各単語のニュアンスの違いがより明確になります。

demand ～「～を（強く）要求する」

He **demanded** that I should sign the paper at once.
（彼は、すぐにその書類にサインしろと要求した。）

demandは「～を（強く）要求する」という意味なので、かなり強いニュアンスの言葉です。

そのため、demandを使う場所や相手には十分注意が必要です。相手に"優しく"要求するなら、askを使うほうがよいでしょう。

また、demandの後ろのthat節内は、should＋動詞の原形になります。shouldが省略されて、動詞の原形のみの形でもよく表現されます。

request ～「（丁寧に）～を要求する／お願いをする」

Everyone, I **request** to wear the masks here.
（みなさん、ここではマスクを着用するようお願いいたします。）

requestは「（丁寧に）～を要求する／お願いをする」という意味です。**「丁寧に」**が、requestのニュアンスになります。

「限定した人」に対してお願いをするときに、requestを使います。

require ～「（万人に対して）～を要求する」

No smoking **is required** here.（ここは禁煙です。）

requireは「（万人に対して）～を要求する」という意味です。お願いする相手が「限定した人」であるrequestと異なり、**requireは「万人に対して」お願いするときに使います。**

「万人に対して」とは、要は「一般論」のようなニュアンスです。

例えば、上の例文では「ここは禁煙です。」と、いま、その場所にいる「特定の人」だけに要求しているわけではなく、「その場所にこれから来るであろう人」まで含めた、まさに全員に要求している、ということなのです。

claim ～「（当然の権利として）～を要求する」

She **claimed** to bring the new dress that she had just bought to her.
（彼女は買ったばかりのドレスを彼女のところに持ってくるよう求めた。）

claimは「（当然の権利として）～を要求する」という意味です。日本語の「クレーム」という言葉とは意味が違うので注意が必要です。

元々、claimは「主張する」という意味の単語です。

この単語は、自分が当然の権利を持っているときに使います。上の例文では「彼女が買ったドレス」は、当然、彼女が権利を持っています。権利を持っていなければaskやrequestを使います。

「直す」は「対象物」によって単語が変わる

「直す」という言葉は、日本語でも多くの漢字が割り当てられているように、英語も単語ごとにニュアンスはさまざまです。ここでは、よく使われる単語を厳選して紹介します。

fix ～「～を直す／修理する」

I asked Tom to **fix** the PC.
（私は、トムにパソコンを修理するように頼んだ。）

fixは「～を直す／修理する」という意味です。シチュエーションはあまり限定されず、漠然と「直す／修理する」というニュアンスになるので、さまざまな場面で使えます。硬い表現というわけでもないので、オールマイティーに使える便利な単語です。「直す」について、どの単語を使うか迷ったら、とりあえずfix を使えば問題ないでしょう。

repair ～「（故障したものを）修理する」

His job is to **repair** cars.
（彼の仕事は車を修理することだ。）

repairは「（故障したものを）修理する」という意味です。「故障したもの」が対象になるので、目的語となる名詞には機械などの製品がきます。少し硬い表現であり、アメリカ英語っぽいニュアンスがあります。

mend ～「(壊れたものを)修復する」

Can you **mend** the broken chair? (壊れたイスを直せますか？)

mendは「(壊れたものを) 修復する」という意味です。repairとニュアンスが似ていますが、mendのほうは衣服や靴、カバンなどの布／革製品、タイヤのパンクなどを直すときに使われます。repairの「機械を修理する」と比べると、比較的作業が単純な直し方になります。

また、mendにはイギリス英語っぽいニュアンスがあります。

correct ～「(間違いを)訂正する」

Correct the mistakes in the draft. (原稿の誤りを訂正してください。)

「修理する」という意味での「直す」ではなく、「間違いを直す」ときに使うのが、**correct**です。形容詞としてのcorrectは「正しい、正確な」という意味で使われますが、動詞は「(間違いを) 訂正する」という意味になります。「明らかに間違っているところ」を訂正して「正しいもの、問題がないものにする」というニュアンスになります。

revise ～「～を修正する／改訂する」

The **revised** version of that book was released.
(その本の改訂版が出た。)

reviseは、日常会話よりも、文章でよく目にする単語です。reviseは「修正する／改訂する」という意味です。出版物を修正したり、新しい表現や内容に改訂したりして、「全体的によりよくした」状態で再出版する、というニュアンスがあります。出版物だけでなく、意見や計画を「修正する／見直す」というニュアンスでも使われることがありますが、硬い表現なので会話の中ではあまり使われません。

cure ～「（病気を）治す」

The medicine will **cure** the stomachache.
（その薬で胃痛は治るでしょう。）

cureは、「直す」ではなく、「（病気を）治す」という意味の単語です。次に登場するhealと意味は同じですが、治す対象が違います。

cureは風邪や胃痛や背中の痛みなど「内科的なもの」を治すときに使います。cureと似ている単語にcareがありますが、これは「気になる／心配する」という意味です。take care of ～は、「～の世話をする」という日常会話でも頻出の熟語です。

heal ～「（外傷を）治す／癒やす」

The burn scar will **heal** in a month or so.
（そのやけどの跡は１カ月くらいで治りますよ。）

healは「（外傷を）治す／癒やす」という意味です。cureが内科的なものを治すのに対して、healは怪我などの「外科的なもの」を治すニュアンスになります。また、ストレスや心の傷、心の病などを「癒やす」という意味でも使われます。日本語でも、同様の意味で「ヒーリング（healing）」という言葉が浸透しています。

healの後ろにthを付けると、health（健康）になります。

図1-5 「直す」という意味の単語まとめ

fix ～「～を直す／修理する」

I asked Tom to fix the PC.
(私は、トムにパソコンを修理するように頼んだ。)

repair ～「(故障したものを) 修理する」

His job is to repair cars.
(彼の仕事は車を修理することだ。)

mend ～「(壊れたものを) 修復する」

Can you mend the broken chair?
(壊れたイスを直せますか？)

correct ～「(間違いを) 訂正する」

Correct the mistakes in the draft.
(原稿の誤りを訂正してください。)

revise ～「～を修正する／改訂する」

The revised version of that book was released.
(その本の改訂版が出た。)

cure ～「(病気を) 治す」

The medicine will cure the stomachache.
(その薬で胃痛は治るでしょう。)

heal ～「(外傷を) 治す／癒やす」

The burn scar will heal in a month or so.
(そのやけどの跡は1カ月くらいで治りますよ。)

「並べる」は「位置関係」を意識して

「並べる」を意味する単語は、それぞれニュアンスの違いがハッキリしています。使い分けの基準は、「見た目の違い」です。使う単語を間違えると、自分が想定していた並べ方にならない可能性があるので、しっかり使い分けられるようにしましょう。

arrange ～「～を（順番に／整然と）並べる」

Arrange chairs in this room.
（この部屋のイスをきれいに並べなさい。）

arrangeの意味は「～を（順番に／整然と）並べる」です。（順番に／整然と）という箇所が、arrangeに含まれるニュアンスです。「きれいに並べる」と表現することもできます。

arrangeは、物を並べるとき以外にも、He arranges his hair.（彼は髪を整える。）やHe arranged the music.（彼は音楽をアレンジしました。）などのように使うこともできます。

line up ～「～を（列に）並べる」

Line up chairs in two rows.（イスを2列に並べなさい。）

line upは「～を（列に）並べる」という意味です。「列に」というニュアンスが強く出る言葉です。

put 〜 side by side「〜を横並びに置く」

Please **put** these two paintings **side by side** on the wall.
(この2枚の絵を壁に並べて飾ってください。)

putは「〜を置く」、side by sideは「横並びに／隣り合わせで」という意味です。したがって、put 〜 side by sideで「〜を横並びに置く」になります。上の例文には、2枚の絵を「横並び」に置くというニュアンスが含まれています。

並べる対象が3つや4つある場合でも、side by sideを使うことができます。

display 〜「〜を陳列する」

Display the popular books on the shelf.
(人気のある本を棚に並べなさい。)

「見せる」の項目でも登場した**display**には「並べる」というニュアンスもあります。商品などを価値あるものとして見せる／陳列するという意味は「見せる」で紹介した通りです。

「慣れる（変化）」と「慣れている（状態）」は別物

英語では、「慣れる」と「慣れている」を使い分けます。まず、「慣れる」は**「動作（状態の変化）」**で、**「慣れていない状態から慣れる状態になる」**という意味です。一方「慣れている」は「状態」そのものです。「昨日も、今日も、明日も慣れている」という「状態」に変化がありません。

get used to［名詞］「～に慣れる」

Have you **got used to** your new life?
（もう新生活に慣れましたか？）

「～に慣れる」という表現は大きく2つあります。1つは、**get used to［名詞］**という表現です。getは「～の状態に変化する」というニュアンスで使います。また、ここでのtoは不定詞ではなく**前置詞**なので、後ろに名詞を置きます。

get used to ～ing「～することに慣れる」

You should **get used to** speak**ing** in public.
（人前で話すことに慣れたほうがいいですよ。）

最初の例文と形は似ていますが、toの後ろが～ingになっています。さきほど、toは「前置詞」とお話ししました。前置詞の後ろには「名詞」がくるパターンと～ingの「動名詞」がくるパターンの2つあります。動名詞は、動詞だったものが名詞に変換されたものなので、名詞として働きます。意味は「～すること」になります。

be used to［名詞］「～に慣れている」

My cat **is used to** a bath.（うちの猫は、お風呂に慣れている。）

「～に慣れる」という表現の2つ目は、getの代わりにbe動詞を使います。**be used to［名詞］**で「～に慣れている」という意味になります。be動詞は、「状態」そのものを表す単語です。

上の例文では「昨日も、今日も、明日もうちの猫はお風呂に慣れている（この状態は変わらない）」というニュアンスになります。

be used to ～ing「～することに慣れている」

He **is used to** driv**ing** on a snowy road.
（彼は雪道を運転することに慣れている。）

be動詞で表現したbe used toの後ろに～ingの「動名詞」がくるパターンです。したがって、「～することに慣れている」という意味になります。

ここまで、getを使ったパターン、be動詞を使ったパターン、toの後ろに「名詞」がくるパターン、toの後ろに「動名詞」がくるパターンの4つを紹介しました。最初は頭の中がゴチャゴチャしそうですが、getは「～になる」、be動詞は「～の状態」、toの前置詞の後ろは名詞か動名詞を置くと整理しましょう。

「残る」は「どんなふうに残っているか」で判断

「残る／残す」を意味する単語も、さまざまなニュアンスがあります。

ここでは、自動詞「残る」と、他動詞「～を残す」の2つに分けて紹介します。

【自動詞①】remain「残っている」

An old castle **remains** in the village.
（その村には古い城が残っている。）

自動詞は、すべてremainです。それだけremainにはさまざまなニュアンスがあります。上の例文では「残っている」という意味で使われています。この場合のニュアンスは「自然とそうなっている」です。人が人為的に何か手を施しているわけではなく、「手つかずで、そのままの状態を保っている」ということです。

【自動詞②】remain「留まる」

Five people **remained** there.（5人がその場所に残った。）

上の例文では、remainを「留まる」という意味で使っています。**人が自らの意思でこの場にいる**というニュアンスです。「なんとなくそうなったのではなく、自分の意思で行った」といったイメージです。

似たような意味にstayという単語もあります。こちらは「短期的に」留まる／滞在するというニュアンスになります。一方、remainはstayよりも「長期間」その場に留まる／残るというニュアンスになります。細かいニュアンスの違いなので、stayを使っても会話で特に困ることはありませんが、できればニュアンスによって使い分けられるようにしたい単語です。

【自動詞③】remain「〜の（状態の）ままでいる」

Sunflowers still **remain** beautiful.
（ひまわりは、まだきれいに咲いている。）

上の例文では「〜の（状態の）ままでいる」という意味で使われています。こちらもstayで表現できますが、remainのほうは**“自然と”その状態のままになっている**といったニュアンスになります。

文法的な点では、先の2つの意味でのremainはSVの第1文型になっていますが、「〜の（状態の）ままでいる」という意味でのremainはSVCの第2文型になります。上の例文では、remainの後ろにbeautifulという形容詞がくることに注意しましょう。

【自動詞④】be left「残されている」

Many cars **were left** on the road after the earthquake.
（地震の後、多くの車が道に残された。）

他動詞の受動態は自動詞として使えるので、**be left**は「残されている」という意味になります。remainと大きく違うのは、remainは「自然とそうなっている」というニュアンスが強く出ていますが、be leftのほうは**「人為的にそうなっている」「意図的に／わざと／仕方なく」といったニュアンスが強く出ている**点です。

【他動詞①】leave「〜を残す」

My son usually **leaves** vegetables.
(うちの息子はいつも野菜を残す。)

ここからは、他動詞の「〜を残す」という意味の単語になります。

leaveは、ごく一般的な「残す」のイメージです。さきほどのbe leftの能動態になります。そのため、be leftのニュアンスに近く、「〜を残す」という意味からも人の意思で何かを残しているニュアンスになります。

また、leaveはたくさんの意味を持つ単語ですが、元々の意味は「ある場所から出ていく」です。そこから、**「出発する」「去る」「残す」などの意味が派生している**のです。

文法的な観点から説明すると、leaveはSVOCの第5文型をとる動詞で、この場合の意味は「OをCのままにしておく」になります。例えば、She left the window open.(彼女は窓を開けっぱなしにしておいた。)などとも表現できます。分詞を勉強するときによく登場する単語なので、おさえておくことをオススメします。

【他動詞②】save「〜を取っておく」

Save some melon for me.(私にメロンを少し残しておいて。)

saveは「〜を取っておく」という意味です。日本語でも、ゲームなどのデータを「セーブする」という表現が定着しています。

saveの元々の意味は「安全にする」です。そこから、**「〜を守る」「〜を蓄える」「〜を節約する」「命を助ける」、そして「〜を取っておく」という意味が派生しています。**「安全にする」ために「〜を取っておく/残しておく」の意味につながります。この意味は、keepで言い換えることもできます。

【他動詞③】retain「～を保持する」

His great achievement should **be retained** to future generations.
(彼の偉業を後世に残すべきだ。)

retainは「～を保持する」という意味です。「～を保持する」というと少し難しい印象ですが、「保存する」「その状態を保ち続ける」というイメージです。「～を保存する」は、preserveの単語が当てはまります。

preserveは「何か箱の中にしまって保存する」、retainは「そのままの状態で保存する」というニュアンスです。どちらもkeepで言い換えられなくもないですが、ニュアンスが少し異なるので、retainという単語もおさえておきましょう。

「驚く」は「心のレベル」で単語を決める

ネイティブは、驚き方の違いによって、「驚く」という意味の単語を使い分けています。驚きの表現としては、ここで紹介する3つをおさえておけば問題ありません。人の感情を表す言葉なので、適切な単語を使って自分の思いを正確に伝えられるようにしましょう。

be surprised「驚く」

He **was surprised** at the news.（彼はその知らせに驚いた。）
He **was surprised** to hear the news.（彼はその知らせを聞いて驚いた。）

「驚く」という意味でもっともよく使われる単語は、**surprise**でしょう。surpriseの本来の意味は「～を驚かす」なので、人を主語にする場合はbe surprisedと受動態にします。**驚きのレベルは、「普通」**です。

上の例文のように、surprisedの後ろには前置詞のatや、to＋動詞（原形の不定詞）を置きます。不定詞を置く場合は、不定詞以下が「驚いた原因」になります。

be astonished「とても驚く」

I **was astonished** at her marriage.
（私は彼女の結婚にとても驚いた。）
I **was astonished** to learn her marriage.

（私は彼女の結婚を知ってとても驚いた。）

be astonishedは「とても驚く」という意味です。surprise同様、astonishも人を主語にするときはbe astonishedと受動態にします。**驚きのレベルはbe surprisedよりも上**です。ビックリして声が出なかったり、息をのんだり、目がテンになるほど驚くというニュアンスが含まれています。

また、astonishedの後ろには前置詞のatか、理由を示す不定詞がきます。これはsurpriseと同じ考え方です。

be amazed「驚嘆する」

Everyone **was amazed** at his winning the Nobel Prize.
（みんなが、彼のノーベル賞受賞に驚嘆した。）
Everyone **was amazed** that he won the Nobel Prize.
（みんなが、彼がノーベル賞を獲ったことに驚嘆した。）

be amazedの意味は、「驚嘆する」です。驚きのレベルはかなり高いのですが、「ビックリ仰天」というより、**驚きに「感心」が混じったニュアンスになります。**

surpriseやastonishと同様、amazeも、人を主語にするときはbe amazedと受動態にします。

また、2つ目の例文でamazedの後ろにthat節がきています。前述のbe surprisedやbe astonishedも、後ろにthat節を置くことができます。that節には、不定詞と同様に驚嘆した理由がきます。

「起こる」は「起こる状況」を正確に見極める

「起こる」という意味の単語は、どのように起きたのか、という状況の違いによって使い分けます。

happen「(偶然に)起こる」

A big accident **happened** a little while ago.
(さきほど、大きな事故があったんだよ。)

happenは「(偶然に) 起こる」という意味です。次のoccurと同じ意味ですが、上の例文の和訳からもわかる通り、happenは、おもに会話などで使われます。「起こる」でどの単語を使うか迷ったときは、happenを使えば特に問題はありません。
「起こるなんて思ってもみなかった」というニュアンスが含まれることから、**「起こってビックリした」という印象が相手に伝わります。**

occur「(偶然に)起こる」

A big accident **occurred** a little while ago.
(さきほど、大きな事故があった。)

happenと同様、**occur**も「(偶然に) 起こる」という意味ですが、少し硬い表現であることから、ニュース原稿などで使われることが多い単語です。「何が」起きたかという主語の部分が明確なときには、occurを使います。

occurで1つ注意したいのは、過去形のつづりです。rが1つ追加され、occurredになります。

break out「(突発的に)起こる」

Earthquakes will often **break out** in Japan.
(日本ではよく地震が起こる。)

break outは「(突発的に)起こる」という意味です。happenやoccurなどの「偶然に」とは、ニュアンスが異なります。**「突発的に」なので、突然起こるというニュアンスが強くなる**のです。そのため、break outは「何かが割れて突然出てくる」という意味になります。

break outは、地震の他にも自然現象や戦争、テロなど大きな出来事や歴史的な出来事でよく使われる単語です。

take place「(変化が)起こる」

Personnel changes **took place** in my company.
(私の会社で人事異動があった。)

take placeは「(変化が)起こる」という意味です。他の単語と比べて、人の感情や「突然起きた」というニュアンスはありません。**淡々と事実が変化して起きた**、というニュアンスになります。

take placeは、「take(変える)」と「place(場所)」が合体して「場所が変化する」という意味なので、**「変化が起こる」というよりも、「置き換える」といったニュアンスのほうが強い**と言えます。

「遅れる」は「何に遅れる」かで使い分け

「遅れる」という意味の単語は、3つしかありません。それぞれ、ニュアンスが大きく異なるので、しっかり確認しましょう。

be late「遅刻する」

Don't **be late** for the meeting time.
(集合時間に遅れないでください。)

be lateは「遅刻する」という意味です。**「自分が原因」で遅れたというニュアンスが強くなります。**また、上の例文のように、動作に対して「遅れる」というニュアンスもあります。「動作がslowなニュアンス」という理解でもよいでしょう。

miss「乗り遅れる」

Hurry up, or you will **miss** the last train.
(急ぎなよ、そうしないと終電に遅れるよ。)

missは「乗り遅れる」という意味です。上の例文では「乗り遅れる」結果、「終電に乗れない」という後ろの部分のニュアンスが強く出ます。なぜなら、missの元々の意味は「的に当て損なう」なので、「〜できない」というcan'tのニュアンスが含まれているからです。そのニュアンスから、**「〜を逃す」「〜を外す」「〜がいなくて寂しく思う」などの意味が派生して**

います。

be behind / delay「予定よりも遅れている」

The release of our new product **is** about a month **behind** schedule.
The release of our new product **has delayed** about a month.
（弊社の新製品の発表は予定よりも1カ月ほど遅れている。）

be behindと**delay**は同じニュアンスで使えます。意味は「予定よりも遅れている」です。

上の例文のように、be behindは「be ＋［期間］＋ behind」の順番になることもあります。

delayはscheduleの意味も含まれていると考えるので、be behindとは異なり、scheduleという単語を入れない点に注意が必要です。

lose / gain「（時計が）遅れている／（時計が）進んでいる」

ここで、時計が「遅れている」「進んでいる」という表記を紹介します。

My watch **loses** three minutes.（私の時計は3分遅れている。）
My watch **gains** three minutes.（私の時計は3分進んでいる。）

「(時計が) 遅れている」の意味は**lose**になります。本来、loseは「～を失う」の意味ですが、「10時から3分失われている」という直訳から、「時計は9時57分を指している」⇒「3分遅れている」となります。

一方、「(時計が) 進んでいる」のほうはgainを使います。gainの本来の意味である「～を増やす」「～を得る」から、意味が派生しました。

「終わる」は「終わったあとの感情や状況」が大事

「終わる」という意味の単語は、それぞれニュアンスが大きく異なります。「終わり方」の違いによって、使い分けます。

end「終了する」

My work **ends** at five p.m.（私の仕事は午後5時に終わる。）

endは「終了する」という意味です。単純に「終了する」という動作を表す際に使います。finishやcompleteと違うのは、**「何か目的が完了した」という「達成感」のニュアンスがない**ことです。また、endは「途中で終わる」という意味でも使われる点が、他の単語と大きく異なります。

finish ～「～を完了する」

Please **finish** this work by tomorrow.
（明日までにこの仕事を終えてください。）

finishは「～を完了する」という意味です。endとは違い、**「終了する」よりも「完了する」というニュアンスです。**したがって、「何かの目的を完了した」ときに使われます。また、finishは他動詞なので、後ろに「目的（～を）」を表す名詞が続きます。

complete ～「～を最後までやり通す」

He has **completed** all his works.（彼はすべての仕事をやり終えた。）

completeは「最後までやり通す」という意味です。finishと似ていますが、**「やりきった」というニュアンスが強く出ます。**「達成した」という和訳でもよいでしょう。「終わる」という意味の単語の中で、「達成感」のニュアンスが最も表れるのがcompleteです。日本人からすると、completeとfinishは、たいした違いはないように思えますが、私の経験上、多くのネイティブがfinishとcompleteを厳密に使い分けています。

be over「終わっている」

The party **is over** already.（パーティーはもう終わっていますよ。）

be overの意味は、「終わっている」です。endの「終わる」という動作ではなく、**「終わっている状態」**というニュアンスです。

上の例文の文末にあるように、ネイティブはalreadyを完了形ではない場合でもよく使います。overが「すでに」という意味を持っているので、あえて完了形にする必要がないのです。

wasted「（ゲームの画面で）終わり」

ゲームの画面で、「WASTED」とだけ表示されることがあります。この場合のwastedは「終わり」という意味です。「死んだ」や「殺された」というニュアンスです。スラング的な言葉なので、会話で使う機会は少ないかもしれません。この場合のwastedはけっして「無駄だ」という意味ではないので、注意しましょう。

「参加する」は「規模」が使い分けの基準

「参加する」という意味を持つ単語は、ニュアンスの違い自体は、それほど大きくありません。では、いったいネイティブはどのように使い分けているのか、1つずつ確認してみましょう。

join ～「～に加わる／仲間になる」

Can I **join** your talk?（話に入れてもらってもいい？）

joinは「参加する」というより「～に加わる」「仲間になる」という意味です。「団体」ではなく、**個人的な仲間うちの「輪」の中に入る**というニュアンスです。

似ている意味の単語にattend「～に参加する」があります。ただ、attendとは、ニュアンスが違います。joinは「仲間と一緒に何か活動や行動をする」というニュアンスが含まれますが、attendにはありません。attendには「何人かの人が集まっている場所にいる」くらいのニュアンスしかなく、「一緒に活動や行動をする」という部分までは表現できません。

take part in ～「～に参加する」

I will **take part in** a volunteer activity.
（私はボランティア活動に参加したいと思う。）

take part inは「～に参加する」という意味です。「参加する」というニュアンスに一番近い熟語です。日常会話では、よく使われる表現です。「take（～を担う）」と「part（一部分／一員）」「in（～の）」の3つの単語が合体してできています。

take part inは、joinのように「仲間うちの輪」のような個人的で小さい集まりではなく、もっと人数の多い「団体」に参加するイメージです。人数としては、最低でも6、7人以上のニュアンスになります。

participate in ～「～に参加する」

Please inform me if you would like to **participate in** camping by tomorrow.
（キャンプ参加希望者は明日までにお知らせください。）

participate inは「～に参加する」という意味です。participate inは、take part inと同じ意味ですが、少し硬い表現なので、会話ではtake part inのほうがよく使われます。

take part in やparticipate inは、joinと異なり、**「公なもの」に参加する**というニュアンスが強くなります。

「調べる」は「調べる対象」で決まる

ネイティブは、「調べる」という意味の単語を「調べ方」の違いによって使い分けます。単語に含まれるニュアンスも、それぞれ違いがハッキリしています。

check ～「～を確認する」

I **checked** the program and found many mistakes.
（調べてみたら、このプログラムには多くのミスがあった。）

checkは、**「調べる」よりも「～を確認する」というニュアンスが強くなります。**「合っているか、間違っているかを確認する」「○か×で区別する」といったイメージです。

日本語でも「チェックする」と表現したり、申告書などの四角の欄を「チェックボックス」と呼んだりしますが、これらがまさにcheckのニュアンスです。

examine ～「（～の能力／状態）を調べる」

Let's **examine** the endurance of the new product.
（新製品の耐久性を調べましょう。）

examineは「（～の能力／状態）を調べる」という意味です。ここから紹介する単語や熟語はすべて「調べる」というニュアンスになります。

「調べる」という意味の単語の中でも、examineは「注意深く」調べるイメージです。

機械に限らず、人の能力や状態を「注意深く」調べるという意味でもexamineが使えます。examineを名詞にすると、examination（試験）になります。試験は、まさに「人の能力を調べるための検査」です。

investigate ～「～を捜査する」

The police **are investigating** the case.
（警察はその事件を捜査している。）

investigateは「～を捜査する」という意味です。「捜査する」という言葉は「捜して調べること、証拠を収集すること」といった意味なので、日常生活で使う場面は限られるでしょう。どちらかと言えば、テレビや新聞などのニュースの中で登場することが多い単語です。硬い表現なので、日常会話では、次に紹介するlook into～のほうがよく使われます。

look into ～「～をじっくり調べる」

Look into the cause of this error.
（今回のミスの原因を調べてみてください。）

look intoは、investigateと同様に「～を捜査する」と訳す場合もありますが、どちらかと言えば**「～をじっくり調べる」**ニュアンスが強いといえるでしょう。look intoを分割して考えると、「look（見る）」と「into（～の中を）」に分けられます。「何か対象物の中を隅々までしっかり見て調べる」というニュアンスです。「～を深掘りする」と表現してもよいでしょう。checkと比べると「じっくり」の度合いはかなり高くなります。

investigateと比べると、だいぶ柔らかい表現なので、日常会話でも積極的に使いたい熟語です。

 search A for B「BがないかとAを調べる」

I **searched** the kitchen **for** something to eat.
(私は、何か食べ物がないかと台所を探した。)

search A for Bは「BがないかとAを調べる」という意味です。ただ、「調べる」と言っても、**「ガサゴソとあたりを探す」**というニュアンスが強い単語です。

searchは、前置詞のforとセットになることが多いです。前置詞のforは「〜を求めて」という意味で、searchと非常に相性がよいので、searchとforをワンセットで頭に入れるようにしましょう。

似たような表現の単語にseekがあります。seekは地位や利益など「目に見えないもの」を探すイメージです。searchは上の例文のようにパンやお菓子など「目に見えるもの／物理的なもの」を探す、調べるというニュアンスになります。

 look up 〜「〜を(辞書で)調べる」

I **looked up** the meaning of this word.
(私は、この単語の意味を調べた。)

look upは「〜を（辞書で）調べる」という意味です。**該当のものを「拾い上げる」**というニュアンスです。一般的に、中学英語ではlook upを「〜を見上げる」という意味で習うと思いますが、「〜を（辞書で）調べる」という意味もあるのです。

図 1-6 「調べる」という意味の単語まとめ

check ～「～を確認する」

I checked the program and found many mistakes.
（調べてみたら、このプログラムには多くのミスがあった。）

examine ～「(～の能力／状態)を調べる」

Let's examine the endurance of the new product.
（新製品の耐久性を調べましょう。）

investigate ～「～を捜査する」

The police are investigating the case.
（警察はその事件を捜査している。）

look into ～「～をじっくり調べる」

Look into the cause of this error.
（今回のミスの原因を調べてみてください。）

search A for B「BがないかとAを調べる」

I searched the kitchen for something to eat.
（私は、何か食べ物がないかと台所を探した。）

look up ～「～を(辞書で)調べる」

I looked up the meaning of this word.
（私は、この単語の意味を調べた。）

「進む」は単語ごとのニュアンスを大切に

「進む／進める」という意味の単語は、「進み方」の違いによって使い分けます。それぞれの単語の持つニュアンスをしっかり理解しましょう。

【自動詞①】move「進む」

Let's **move** ahead.（先に進みましょう。）

moveは、「進む」という意味です。英語のもっとも基本的な単語ですが、ニュアンスもあわせておさえましょう。moveは、人や機械などの物理的なものを「動かす」だけでなく、抽象的なもの（考え方やアイデアなど）が「進む」という場合にも使えます。ただ、moveには**「前に」進むといった方向を示すニュアンスがない**ので、上の例文のようにahead（前へ）のような単語を付け加えると伝わりやすくなります。

また、moveの代わりにgoを使うこともできます。ただ、**go aheadは、「前に進む」というよりも「続けましょう」というニュアンスのほうが強くなります。**

【自動詞②】advance「進展する」

The energy issue **has advanced** to the next stage.
（エネルギー問題は、次の段階に入っている。）

advanceは、「進展する」という意味です。「物理的な移動」というよりも、**技術やスキルなどが「進歩する」「進化する」というニュアンスが強くなります。**「現在のレベル」から「次のレベル」へ“進む”というイメージです。

日本の塾やカルチャースクールなどでも、「スタンダードクラス」の上のレベルを「アドバンスクラス」と呼ぶことがありますが、英語も同じようなニュアンスで使われます。

また、文章でよく見かける表現として、advanceの熟語のin advance（前もって、あらかじめ）があります。

【自動詞③】proceed「前へ進む」

Please **proceed** along the floor line.
（床の線に沿ってお進みください。）

proceedは「前へ進む」という意味です。「前へ」というニュアンスがすでに含まれている点が、moveとは異なります。

物理的に前へ進む意味でも使われますが、上の例文の場合は「言われた通りにちゃんと列になって、みんな同じスピードで進んでいる」といった意味合いになります。

advanceと同様、proceedも抽象的なものが「前に進む」という意味で使われますが、ニュアンスが少し違います。advanceは「レベルが上がる」、proceedは「次のステップへ」というニュアンスです。

少し紛らわしいですが、advanceは「上に」上がるイメージ、proceedのほうは「別の」ステップや過程に進むというイメージなので、必ずしも「上に」上がるわけではありません。

【他動詞①】advance ～「～を前進させる／進展させる」

The commander **advanced** his troops.
(司令官は兵を前進させた。)
Shall we **advance** our dialogue to solve the problem?
(問題を解決するために、話を進めませんか？)

自動詞の他に、他動詞としてもadvanceは使われます。意味は、「～を前進させる／進展させる」です。ニュアンスは、自動詞とほぼ同じになります。

最初の例文では、兵を物理的に「前進」させています。一方、2つ目の例文では「話という概念」を進めるという意味で使われています。

advanceと似たような表現にdevelopがあります。「成長する」「発展する」という意味なので、一見、同じような意味に思えますが、developは「何かが前に進む」よりも「そのものが膨らむ」というニュアンスです。例えば、発展途上国はa developing countryと表現しますが、これは「国が成長して膨らんでいる途中」の状態である、というニュアンスからきています。

【他動詞②】promote ～「～を促進する」

What is needed to **promote** the reduction of greenhouse effect gas?
(温室効果ガスの削減を進めるためには何が必要ですか？)

promoteは「～を促進する」という意味です。「促進する」は少し難しい日本語ですが、それまでの活動や考え方を「もっと大きくする」「みんなに広げる」というニュアンスから派生しています。

日本語でも、新商品を発売するときに、その製品のよさを世間に伝えるために新聞に広告を打ったり、テレビでCMを流したりします。このような活動を「プロモーション」と呼びますが、これも人々に新商品のよさを「世間に伝え広げて知名度を高める」ために行われます。それと同じようなニュアンスになります。

【他動詞③】proceed with ～「～を推進する」

We need to **proceed with** reform of the welfare of our company.
(我が社では福利厚生の改善を進める必要がある。)

自動詞のproceedにwithを付けて、他動詞的に使う場合もあります。意味は「～を推進する」です。ニュアンスは、自動詞の場合と同じです。上の例文では、福利厚生を「より良くする」「ステップアップする」といったニュアンスになります。

「確かめる」は「心配の度合い」で使い分ける

ネイティブは、「確かめる」という意味の単語を**「確認の仕方」**で使い分けます。

make sure 〜「〜をはっきりさせる」

Please **make sure** if he comes today or not.
(彼が今日来るかどうかを確認してください。)

make sureは「〜をはっきりさせる」という意味です。要は、「YesかNoかをはっきりさせる」というニュアンスです。一見、checkと同じニュアンスに思えますが、微妙に異なります。

checkは、事実の確認に対して「○か×か」「白か黒か」という二者択一のイメージですが、make sureは**「今から起こることが確実なのかどうかをはっきりさせる」**というイメージです。

上の例文では「今日、彼は来るはずだけれど、この後、本当に来るんですよね？」と、相手に確認しているというニュアンスになります。

comfirm 〜「〜の間違いがないかを確認する」

Please **comfirm** our hotel reservation.
(私たちのホテルの予約が取れているかを確認してください。)

confirmは「〜の間違いがないかを確認する」という意味です。意味だけを見るとmake sureと似ていますが、make sureは「この後起こる行動や出来事」に焦点が当たっていて、**confirmは「予定や情報」に焦点を当てて間違いがないかどうかの確認をする**ニュアンスになります。

また、confirmの元々の意味は、「con-（強く）」と「-firm（固める）」が合体して「強固にする」です。そこから、「〜の間違いがないかを確認する」という意味が派生しているのです。

例文では「ホテルの予約を取っているのだけれど、その予定や情報で間違いがないかどうかを確認してください。」というニュアンスになります。

check 〜「〜が大丈夫かどうか目を通す」

Please **check** the manuscript once again.
（その原稿にミスがないかをもう一度確認してください。）

checkは「〜が大丈夫かどうか目を通す」という意味です。checkは「調べる」の項目でも登場しました。

checkは「合っているか、間違っているかを確認する」というニュアンスなので、原稿や書類に訂正がないかどうかを確かめる際によく使われる単語です。confirmのニュアンスを少し柔らかくした表現とも言えるでしょう。

「話し合う」は状況を判断する

「話し合う」という意味の単語は、それぞれニュアンスが大きく異なります。適切に単語を使い分けないと、相手に別のニュアンスで伝わってしまうので注意が必要です。

discuss 〜「〜を相談する」

Let's **discuss** the next summer trip.
(今度の夏休みの旅行について話し合いましょう。)

discussは「〜を相談する」というニュアンスです。**日本語の「話し合う」の意味に一番近い**単語になります。

discussのニュアンスは**「特定の話題や問題について話し合う」**です。「話し合う」なので、お互いが考えていることを共有したうえで理解を深め、お互いが納得する形で答えを導き出す、プラスのイメージがある単語です。

気をつける点は、discussが**他動詞**ということです。他動詞なので、前置詞は付けずに、そのまま目的語になる名詞を置くことができます。

negotiate「交渉する」

Just **negotiate** about the matter with them again.
(その件についてはもう一度先方と話し合ってください。)

negotiateのニュアンスは、「交渉する」です。
「交渉する」とは、「異なる意見や立場を持つ人たち」が話をするということです。そして、お互いが納得するか否かに関係なく「妥協点を見つける」ために行われるというニュアンスになります。その意味では、あまりプラスのイメージはない単語と言えるでしょう。
また、discussと異なり、negotiateは**自動詞**です。そのため、「～について」と表現するには、aboutが必要になります。negotiate aboutで「～について交渉する」となります。ちなみに、例文の「先方」は、themと表記します。

debate ～「～を討論する」

The human rights issue is often **debated** in Mr. Sato's class.
(佐藤先生のクラスでは、よく人権問題について話し合う。)

debateは「～を討論する」というニュアンスです。「話し合う」より、「論を戦わせる」という意味で「戦い」に近いニュアンスが含まれています。相手は、「考え方や立場が違う人たち」が対象になります。
ここまではnegotiateの内容とほぼ同じですが、**debateは「自分の立場を主張して相手を説得し、打ち負かす」というニュアンスも強くなります。**そのため、合意点や妥協点を見つけるようなことはしません。

「続く」は「どんな続き方」かを意識する

日本語の「続く」は、さまざまなニュアンスを表現できる便利な単語ですが、英語の場合は明確な使い分けがあります。

continue ～「～を継続する」

We will **continue** to talk with them to solve the issue.
（私たちは、問題解決のために彼らと話し合いを続けていくつもりだ。）

continueは「～を継続する」というニュアンスです。自動詞も他動詞もどちらもありますが、意味は同じです。**「同じことをずっとやり続ける」**というイメージです。continueは、上の例文のように、後ろに不定詞が続く場合が多くなります。不定詞ではなく、動名詞が続く場合もあります。

また、**「いったん中断したものを再開する」**という意味でも使われます。日本語でも、ゲームでセーブしたところから始めることを「コンティニュー」と言います。この日本語の表現と、ニュアンスは同じです。

go on ～「～を続行する」

Please **go on** the current job.
（今やっている作業をそのまま続けてください。）

go onは「～を続行する」という意味です。和訳だけを見るとcontinueと似ていますが、ニュアンスが少し異なります。continueは行っている作業や行動を「続ける」というだけのニュアンスですが、go onは、**やめようか、続けようかと、迷ったあげく、「続けよう！」と決断する、**というニュアンスになります。微妙な気持ちの揺らぎが込められている熟語なのです。

last「長持ちする／続く」

My refrigerator **lasts** for more than 30 years.
（うちの冷蔵庫は30年以上ももっている。）
The meeting will **last** until midnight.
（その会議は深夜まで続くだろう。）

lastは、「長持ちする／続く」というニュアンスです。「最後の」という形容詞の意味だけで理解している人が多いかもしれませんが、じつは、動詞としてもよく使われます。

continueの和訳と似ていますが、lastのほうには**「長持ちする」「特定の期間続く」**というニュアンスがあります。また、「思っていたよりも長く続くなあ……」というような、ため息交じりのニュアンスもlastで表現することができます。

lead to ～「（道／川が）～に続いている」

This road **leads to** the next town.
（この道は隣町に続いている。）
The Nile **leads to** the Mediterranean Sea.
（ナイル川は地中海に流れ込んでいる。）

lead toは「（道／川が）～に続いている」というニュアンスです。地形など物理的に続いているものに対して使われます。

「喜ぶ」レベルで単語が決まる

日本語で、ひと言で「喜ぶ」と言っても、喜び方はさまざまです。英語の場合、単語ごとに違った喜び方のニュアンスが含まれているため、使い分けが必要になります。

be happy「嬉しい」

I **was happy** to find the lost watch.
(紛失した時計が見つかって嬉しかった。)

be happyは「嬉しい」という意味です。ごく一般的な表現で、**嬉しさの度合いも普通です。**日常会話で、とてもよく使われる表現です。

happyは「感情を表す形容詞」なので、後ろに**不定詞の副詞用法**がきます。不定詞の部分は「その感情になった原因や理由」が入ります。上の例文では「失くした時計が見つかったという原因により、嬉しいという結果になった。」というのが直訳になります。この項目で解説しているどの単語でも同じような使い方ができます。

be glad「心から嬉しい」

I **am** so **glad** to learn that she got married to him.
(彼女が彼と結婚したのを知って、心から嬉しい。)

be gladは「心から嬉しい」という意味です。**嬉しさの度合いは、be**

happyよりも上になります。例文のようにgladの前にsoを付けると「とても嬉しい」というニュアンスが加わります。

ちなみに、例文の「知って」という単語はlearnです。「学ぶ」という意味で覚えている人が多いと思いますが、「知って」という意味もあります。一方、knowは「知っている」という状態を表す単語なので、例文でlearnの代わりにknowを使うと、ニュアンスが変わってしまいます。

be pleased「気に入って嬉しい」

I **am** so **pleased** with such a nice present!
(こんな素晴らしいプレゼントをもらえて、とても嬉しい。)

be pleasedは「気に入って嬉しい」というニュアンスです。**嬉しいよりも「気に入る」の部分に焦点が当たっています。**

pleasedの後ろには、前述の不定詞の他、with、at、aboutなどの前置詞やthat節が続くこともあります。

be delighted「大喜びする」

Supporters **were delighted** with the Japan's national team win.
(日本代表がその試合に勝って、サポーターたちは大喜びした。)

be delightedは、「大喜びする」というニュアンスです。**「歓声を上げている」「声を出して喜んでいる」**というようなニュアンスが相手に伝わります。**嬉しさの度合いは、かなり上になります。**

「話し方」で「話す」を使い分ける

「話す」という意味の単語は、どれも基本的なものばかりです。しかし、じつは、単語ごとにそれぞれニュアンスに大きな違いがあります。

speak「声を発する／言語を話す」

Speak louder, please.（もっと大きな声で話してください。）
I **speak** three languages.（私は3カ国語を話します。）

speakは自動詞だと**「声を発する」**、他動詞だと**「言語を話す」**というニュアンスです。「人前で話す」というニュアンスしかないので、話す内容にまで言及することはできません。電話での会話において、Who's speaking, please?（どちら様ですか？）や(This is) Mike speaking.（マイクです）などの表現をよく使います。

ちなみに、I can speak. という表現は、嫌味に聞こえてしまう場合があるので、日常会話ではあまり使わないほうが無難です。

say ～「言葉を口に出す」

She **said** something, but I couldn't understand that.
（彼女が何かを言ったけれど、わからなかった。）

sayは**「言葉を口に出す」**というニュアンスになります。sayは後ろに「～を」の部分にあたる名詞がくるSVOの第3文型をとります。

会話でも文章でも、一番使う頻度が高い単語です。その分、表現の仕方や熟語表現が山のようにあります。

tell ～「[人]に～を伝える」

Can you **tell** me the story in detail?
（その話について詳しく話してもらえますか？）

tellは「教える」の項目でも登場した単語です。tellには、**「伝える」**というニュアンスが含まれます。tellは、「誰に」「何を」という2点を明確に示す、SVOOの第4文型が基本になります。

talk「会話をする」

I wanted to **talk** with him more.（彼ともっと話をしたかった。）

talkは、**「会話をする」**というニュアンスが含まれる単語です。

自動詞なので、後ろに前置詞を置くことがほとんどです。talk toは「ある特定の人と」、talk withは「一緒にいる仲の良い人と」、talk aboutは「話の内容」、talk onは「専門的な話の内容」というように、前置詞を使い分けます。

ニュアンスとしてはspeakに似ていますが、speakのほうが少しだけ話の内容が硬い場合に使われます。また、talkのニュアンスは「会話をする」なので、話し相手がいないと成立しません。

「見る」「聞く」は「能動」か「受動」かで単語が変わる

【見る①】look at ～「～に目を向ける」

Hey, **look at** this.（ちょっとこれ見て。）

look atは**「～に目を向ける」**というニュアンスです。自動詞なので、後ろに前置詞のatがよく置かれます。atは「一点を」というニュアンスが含まれる言葉なので、look atで、「一点に目を向ける」から「～を見る」という意味が派生しています。

seeと混同しやすいのですが、seeは「見える」というニュアンスです。自分から「意識的に」見るのがlook at、「無意識に」何かが見えるのがseeという違いがあります。

【見る②】watch ～「～を見つめる」

She **watches** TV for more than five hours every day.
（彼女は毎日5時間以上テレビを見る。）

watchは、「見る」の中でも**「～を見つめる」**というニュアンスが強くなります。ニュアンスはlook atと似ていますが、look atは「注意深く」見ることに焦点が当たっています。一方の**watchは「長時間にわたって」見ることに焦点が当たっています。**したがって、テレビや映画など長時間にわたり見続けるものに対してはwatchが使われます。

【見る③】see ～「～が目に映る／眺める」

I **see** something shining in the sky.
(空に何か光るものが見えるよ。)

seeは**「～が目に映る／眺める」**というニュアンスになります。look atでも紹介した通り、seeは「無意識に何かが視界の中に映り込んでくる」というニュアンスなので、「見える」と和訳するのが適切です。

【聞く①】hear ～「～が聞こえる」

Can you **hear** her?（彼女の声が聞こえるかい？）

hearは、**「～が聞こえる」**というニュアンスです。**「無意識に何かが聴覚の中に入ってきた」**というニュアンスになります。

ちなみに、上の例文では「彼女の声」をherだけで表現しています。her voiceとは表現しないので、注意しましょう。

【聞く②】listen to ～「～を聴く」

First, let's **listen to** his claim.（まずは彼の話を聴きましょう。）

listen toは**「～を聴く」**というニュアンスです。和訳としては、漢字の「聴く」がピッタリの単語です。hearとは逆に、listen toには**「意識的に何かを聴く」**というニュアンスがあります。listenは自動詞なので、後ろに前置詞を置くことがほとんどです。「見る」も「聞く」も、前置詞が付いているほうが「意識的にするもの」になります。

第2章

語源

「語源」の組み合わせから単語の意味を連想する

単語を分解して語源に注目

第2章では、語源をテーマに単語を取り上げます。

英単語の中には、ラテン語（約2000年前に存在したローマ帝国で使われていた言語）に起源を持つものが数多くあります。

そのため、**ラテン語の語源が含まれている単語の場合、単語を分解してラテン語の語源に注目することで、意味を連想することができるようになります。**

日本の学校教育でラテン語を扱わないため、多くの人がラテン語の言葉に馴染みがないと思いますが、おさえておくべき語源の数はそれほど多くありません。

前にお話しした通り、語源は膨大な数にのぼりますが、実際には使われていないもののほうが多いからです。

本書では、ラテン語の語源を30に厳選して紹介します。

図 2-1 語源から意味を連想する

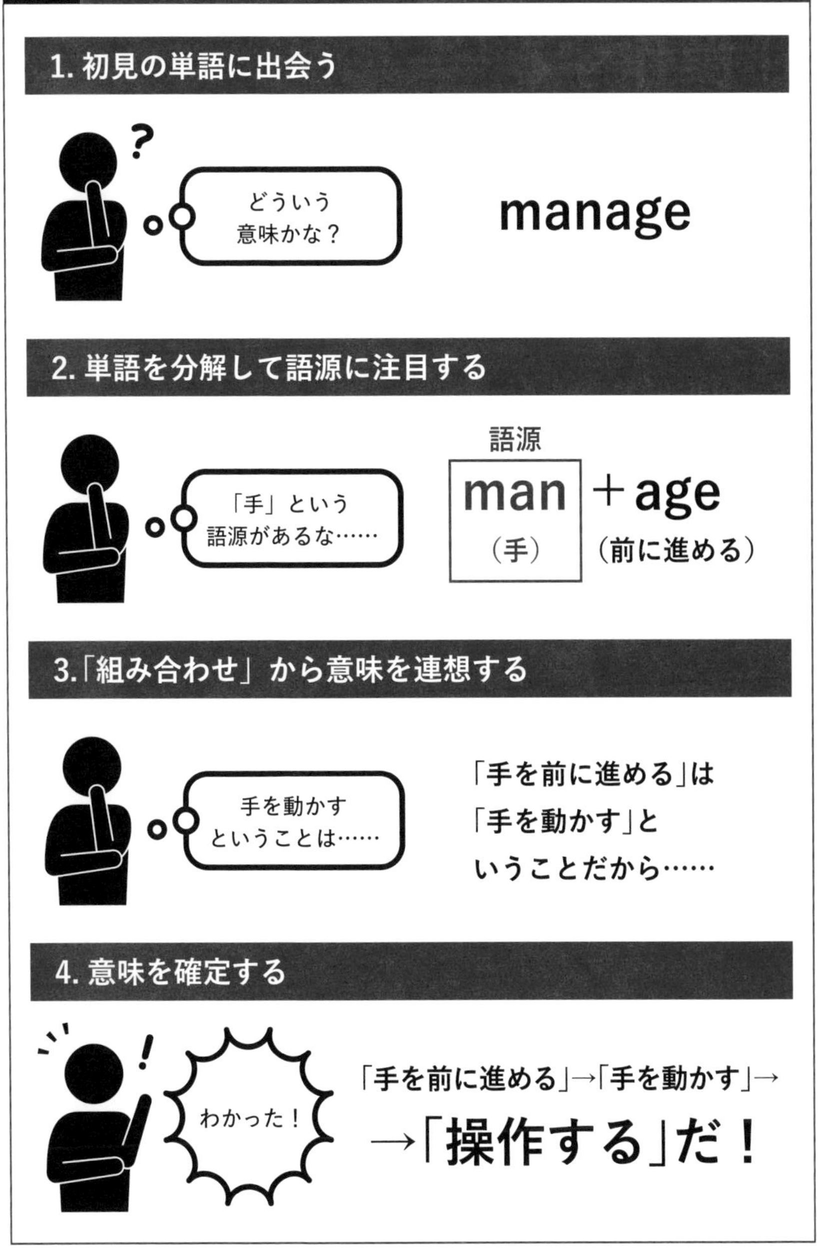

1. 初見の単語に出会う

どういう
意味かな？

manage

2. 単語を分解して語源に注目する

「手」という
語源があるな……

語源

man（手） ＋**age**（前に進める）

3.「組み合わせ」から意味を連想する

手を動かす
ということは……

「手を前に進める」は
「手を動かす」と
いうことだから……

4. 意味を確定する

「手を前に進める」→「手を動かす」→

→「操作する」だ！

「手」＋「前に進める」で「操作する」

最初に紹介する語源はmanとmaniです。どちらも、「手」という意味です。ラテン語のmanus（マーヌス）が由来です。そのため、**manやmaniが付く単語は、「手」に関する意味の単語**になります。

manual（手動／手引き）

manualは「manu（手）」と「-al（～に関する）」で、「手動／手引き」という意味になります。**「手をどのように使うか」**というニュアンスです。そこから**「手を使って」**という意味と**「手をどのように動かすか」**という意味に派生しました。

「手を使って」の意味では、自動車のマニュアル車（manual transmission car）があります。「手をどのように動かすか」を示した取扱説明書のことは、「マニュアル」と呼ばれています。日本語でも、すっかり浸透している単語といえるでしょう。

manicure（マニキュア）

manicureは「mani（手）」と「cure（治療する）」で「マニキュア」という意味になります。元々、マニキュアはオシャレではなく、爪が割れてしまったときの治療や、爪が割れないように対策をするために塗っていました。manicureの「爪のお手入れをする」という意味から派生して、**「爪をオシャレにするもの」**という意味になったのです。

ちなみにcure（治療する）は、care（治療、世話）と同じくラテン語のcuratioから派生した単語です。

manage（～を操作する）

manageは「man（手）」と「-age（前に進める）」が合体して「～を操作する」という意味になります。「手を動かす」ニュアンスからきています。

接尾辞の-ageは「前に進める／集合体／状態／行為」などを表します。そのため、「手を（人を）集めてまとめること」という意味で「～を管理する」という意味でも使われます。その他に、接尾辞-ageが使われている単語として、baggage（荷物）、baronage（貴族）、marriage（結婚）、postage（郵送料）などがあります。

manageの発音は「マネッジ」です。日本語では「マネージ」と呼んだり、managerを「マネージャー」と呼んだりしているので、「ネージ」と伸ばして発音しないよう注意しましょう。

manipulate（～を巧みに操作する）

manipulateは、「mani（手）」と「pulate（満たす）」が合体して「～を巧みに操作する」という意味になります。manageと意味が似ていますが、「巧みに」というニュアンスが含まれるのがmanipulateの特徴です。「使いこなす」や「駆使する」と表現してもよいでしょう。

日本語でも、専門的な操作をする人や、音楽関係では楽器の音色をつくる人を「マニピュレーター（manipulateに接尾辞-orが付いてmanipulator）」と呼んでいます。

「百科事典」は「足を使って調べる」

「手」の次は、「足」です。足の語源は**ped**や**pedi**です。語形が変化しただけで、どちらも同じ意味です。ラテン語の「足」を意味するpes（ペス）が由来です。そのため、pedやpediが付く単語は「足」に関する意味の単語になります。

pedal（ペダル）

pedalは「ped（足）」に「-al（～に関する）」が合体して「ペダル」という意味になります。「足の当たる部分、足で踏むもの、踏み板」というニュアンスです。日本語でもお馴染みの言葉でしょう。自転車やピアノのペダル、車のブレーキペダルなどは、英語と同じニュアンスで使っています。

「足を使うもの」のpedalと、「手を使うもの」のmanualは、セットでおさえておきましょう。

pedicure（ペディキュア）

pedicureは「pedi（足）」と「cure（治療する）」が合体して「ペディキュア」という意味になります。manicure（マニキュア）に対してpedicureなので、これもセットでおさえておきましょう。

pedicureもmanicureと同じく「足の爪を保護する、治療する、手入れする」という意味から派生しています。昔の靴は現在と異なり、薄い革でできていました。そのため、足の怪我がとても多かったのです。当時の生活から生まれた言葉と言えるでしょう。

pedestrian（歩行者）

pedestrianは「pedestr（歩いて行く）」と「-ian（～な人）」が合体して「歩行者」という意味になります。ラテン語のpedester（歩いて行くこと）が由来です。

接尾辞の-ianは「～な人」を表します。musician（ミュージシャン）やmagician（マジシャン）などの単語があります。

pedestrian bridgeと表記すると、「歩道橋」という意味になります。

expedition（遠征）

expeditionは「ex-（外へ）」と「pedi（足）」「tion（こと）」の3つが合体して「遠征」という意味になります。接頭辞のex-は第3章でも改めて解説しますが、「外へ」という意味になります。接尾辞-tionは「～すること」のような意味で、名詞をつくります。これらが集まって「足を使って外へ行くこと」となり、「遠征」という意味になります。

encyclopedia（百科事典）

encyclopediaは、「en-（動きを示す）」と「cyclo（回る）」「pedia（足）」の3つが合体して「足を使ってぐるぐる回る」から、「足を使ってぐるぐる回って調べること」となり、「百科事典」という意味になります。

誰でも書き込めるウェブ上の百科事典として多くの人に使われているウィキペディアというサイトも、「wiki（ハワイ語で「急速な」という意味）」と「encyclopedia（百科事典）」が合体してできた名前です。

「vocation(天職)」は「神の声」である

手と足の次は「声」です。声の語源は**voca**で、ラテン語の「声」を意味するvox(ヴォクス)が由来です。自動車の「VOXY(ヴォクシー)」は、このvoxとboxyが組み合わさった名前といわれています。広々とした室内空間のため、コミュニケーションがしやすく、楽しくドライブできる車として名付けられたとのことです。

vocal(声の/ボーカル)

vocalは「voca(声)」と「-al(〜に関する)」が合体して「声の/ボーカル」という意味になります。manualやpedalと同じニュアンスです。

日本語でも、歌手を指す「ボーカル」という言葉が定着していますが、vocaという語源をしっかりイメージしておきましょう。

vocabulary(語彙)

vocabularyは「vocabul(口)」と「ary(〜に関すること)」が合体して「語彙」という意味になります。vocabulはvoca(声)の派生語ではあるものの、「口」という意味でも使われます。

語源を並べると「口に関すること」になり、一見、「語彙」という意味にはつながりません。「語彙」は、「単語が集まったもの」「たくさんの単語や用語」というニュアンスを思い浮かべますが、これは後づけされた意味です。紙やペンなどの書く物がなかった時代、相手に伝える手段は口でしゃべることしかありませんでした。その「口でしゃべったこと」というニュアンスから「語彙」という意味になったのです。

vocation（天職）

vocationは「voca（声）」と「-ation（結果として生じたもの）」が合体して「天職」という意味になります。こちらも語源をつなげただけでは、「天職」の意味になりません。

vocationのvocaは、「声」といっても一般人の声ではありません。これは「神の声」のことなのです。「神のお告げ」と表現してもよいでしょう。つまり、vocationは「神によって告げられた仕事」というのが元々の意味なのです。「天職」という漢字も、「天から授かった職」となっています。

したがって、現在使われている「自分に向いている仕事」という意味は、本来の意味ではないのです。

接尾辞の-ationについては、名詞をつくる役割もあります。educateがeducationに変化したり、communicateがcommunicationになったりします。

advocate（～を弁護する）

advocateは「ad（足す）」と「vocate（声を出して呼ぶ）」が合体して「～を弁護する」という意味になります。advocateは「～を弁護する」という意味の他に、「主張する」という意味もあります。

接頭辞のad-はadd「加える」と同じニュアンスなので、advocateは「口を貸す」「代わりに話す」というニュアンスから「弁護する」という意味が生まれています。

また、advocatorは「弁護士」という意味でも使われますが、lawyerという単語も「弁護士」の意味として使われます。advocatorは少し古い言葉なので、最近はlawyerのほうが広く使われています。

「生まれた」ままの「姿（状態）」が「nature（自然）」

「生まれる」の語源は**nat**です。ラテン語のnāscī（ナーシ：生まれる）が由来です。natが付く単語の多くには「生まれる」や「生まれながらに持っている」といったニュアンスが含まれます。

native（生まれながらの）

nāscīの形容詞形がnativusです。nativusの語形が変化して**native**になっています。

nativeは形容詞なので、後ろにさまざまな名詞が付くことで表情豊かな意味になります。

例えば、native languageは「母国語」という意味になりますし、native customsは「風習」、native bushは「原生林」という意味になります。

日本語としても定着している「ネイティブ」という言葉は、「その言語を母国語としている人」という意味に限定されて使われることが多いので、「生まれながらの」というnativeの本来の意味をしっかりおさえておきましょう。

nature（生まれたままの姿）

natureは「nat（生まれる）」と「-ure（状態）」が合体して「生まれたままの姿」という意味になります。多くの人はnatureを「自然」という意味で覚えていると思いますが、本来は「生まれたままの姿」という意味ですので注意しましょう。「地球上に誕生した植物や動物などがそのままの姿でいる状態」が「自然」ですね。このニュアンスが大切です。

大学受験や検定試験では、natureは「自然」だけでなく「本質」「性質」という意味がとても重要なので、あわせて覚えておきましょう。

また、接尾辞の-ureは「状態」を表します。例えばadventureという単語はad-（加えて）＋venture（行くこと）が合体して「新しいことへ入り込んでいる状態」や「そこに近づいている状態」のニュアンスを表す「冒険」という意味になります。adが付かないventureという単語も「冒険」という意味になりますが、こちらは「リスクを伴う冒険」というニュアンスになります。ベンチャー企業も「リスクを伴って事業を行っている会社」という意味になります。

natality（出生率）

natalityは「nat（生まれる）」と「-ity（〜すること）」が合体して「出生率」という意味になります。出生率という意味では他にもbirth rateも使われますが、natalityも同じくらいネイティブではよく使われます。特に少子化の話題などでは頻繁に登場する単語ですので、ビジネスで英語を使う人は覚えておきましょう。

nativity（誕生）

nativityは「nat（生まれる）」と「ivity（〜すること）」が合体して「誕生」という意味になります。少し古い言葉ですが、聖書や古い小説にはよく登場します。

現代英語ではbirthが一般的に使われていますが、nativityはラテン語由来、birthはゲルマン語由来の単語という違いがあります。意味はどちらも同じです。birthとワンセットで覚えておくとよいでしょう。

「再び」＋「生まれる」で「revival（復活）」

「生きる」を表す語源vivやvitは、ラテン語のvīvere（ウィーウェレ：生きる）やvīta（ウィータ：生命／生活）が由来です。そのため、vivやvitが付く単語の多くは「生きる」という意味を含んだニュアンスになります。

vital（命の／重大な）

vitalは「vit（生きる）」と「-al（～に関する）」が合体して「命の／重大な」という意味になります。「命に関すること」というニュアンスがあります。

vitalという言葉は、医療現場でよく使われます。血圧や心拍数、体温、呼吸など、生命の状態を測ることを「バイタルを測る」と表現します。

また、それらをまとめてvital signs（バイタルサイン）と呼んだりもしています。このように、vitalは、さまざまな場面で使われる単語です。

vitality（生命力）

vitalityは、「vital（命の）」と「-ity（～の状態）」が合体して「生命力」という意味になります。vitalの派生形としておさえておきましょう。「バイタリティーあふれる活躍」というように、日本語の場合、「元気モリモリ！」というニュアンスが強くなります。英語のvitalityにも「元気」「活力」「体力」などの意味はあるものの、「生命力」や「持続力」など、本来の意味をしっかりおさえておきましょう。

vitamin（ビタミン）

vitaminは「vita（生きる）」と「-min（鉱物資源）」が合体して「ビタミン」という意味になります。語源の意味を合わせただけではピンときませんが、「生きるために必要な栄養素」というニュアンスから派生して、「ビタミン」という意味が生まれています。発音は、アメリカ英語では「ヴァイタミン」です。minの語形が変化したmineは「鉱物資源、鉱山、坑道」を表します。そのため、mineralは「鉱物、ミネラル」、mine単体では「穴を掘って埋めた爆弾」というニュアンスから「地雷」という意味になります。

revival（復活）

revivalは、「re-（再び）」と「viv（生まれる）」と「al（〜すること）」が合体して「復活」という意味になります。日本語でも、「リバイバル公演」「リバイバルブーム」など、英語と同じようなニュアンスで「リバイバル」という言葉が使われています。

rebuild（再建する）、rewrite（書き直す）など、接頭辞re-が付いた単語が多いので、この接頭辞を知っておくと、効率的に語彙を増やせます。

survive（生き残る）

surviveは「sur（上の）」と「vive（生きること）」が合体して「生き残る」という意味になります。この単語も語源を組み合わせただけではわかりにくいのですが、「困難や闘争などから這い上がって乗り越え、生きてきた」というニュアンスが含まれます。「困難や闘争などを乗り越える」というsurについては、第3章で改めて詳しく解説します。

「mortgage（抵当）」は「死ぬ」+「契約」

「死ぬ」を表す**mort**はラテン語のmorī（モリー：死ぬ）が由来です。mortが付く単語の多くには、「死ぬ」というニュアンスが含まれます。

mortal（死ぬ運命にある）

mortalは「mort（死ぬ）」と「-al（～の性質）」が合体して「死ぬ運命にある」という意味になります。a mortal diseaseで「不治の病」と表現します。

ちなみに、映画『ロード・オブ・ザ・リング』の中で、mortal cave（死の洞窟）など、mortalという言葉がよく出てきます。

mortality（死亡率）

mortalityは「mortal（死ぬ運命にある）」と「-ity（性質）」が合体して「死亡率」という意味になります。mortalの派生形なので、あわせておさえておきましょう。car accident mortalityで、「自動車事故での死亡率」という意味になります。

近年、自動運転の技術が進んでいるので、ニュースでもよく使われる表現です。重要な時事英単語の1つです。

また、語源のnatで紹介したnatality（出生率）という言葉とセットで覚えておくと効率的に理解できます。

mortician（葬儀屋）

morticianは「mort（死ぬ）」と「-cian（〜する人）」が合体して「葬儀屋」という意味になります。けっして殺し屋のような意味ではありません。「亡くなった人を埋葬する人」というニュアンスです。昔は穴を掘って亡くなった人を埋葬していたため、穴を掘る人が必要だったのです。

mortgage（抵当）

mortgageは「mort（死ぬ）」と「gage（契約）」が合体して「抵当」という意味になります。「抵当」とは土地などを担保にお金を借りることですが、「抵当がなくなったら、あなたは死ぬしかないよ！」という怖い言葉でもあります。日本語でも、抵当は「モーゲージローン」や「モーゲージサービス」などと同じ意味で使われています。

mortgageは死を表す怖い単語なので、最近はmortを取り除いてgageだけで「抵当」の意味を表すこともあります。

語源を合わせても、「抵当」という意味にはならないように思えますが、じつは、抵当の由来は「果たし状」からきています。「どちらかが死ぬまで戦うぞ！」と、告げるために渡すものというニュアンスから「抵当」の意味が生まれました。

immortal（不死身の）

immortalは「im-（反対の）」と「mortal（死ぬ）」が合体して「不死身の」という意味になります。ちなみに、ラテン語のmemento mori（メメントモリ）という名前のゲームがありますが、これは「人間はいつか死ぬことを理解して毎日を一生懸命生きなさい」という意味です。

「完済する」から「財政」の意味が生まれた「finance」

「終わる」を表すfinは、ラテン語のfīnīre（フィニーレ：終える）が由来です。finが付く単語の多くには、「終わる」というニュアンスが含まれています。

finish（～を終える）

finishは、「fin（終わる）」と「-ish（～の性質）」が合体して「～を終える」という意味になります。語源の組み合わせそのままの意味です。接尾辞-ishは、性質や特徴といった意味の他に「～が顕著な」「～っぽい」という意味でも使われます。この点については、第3章で改めて解説します。

fine（素晴らしい／罰金）

fineは、ラテン語のfinis（終わり／限界）から派生した単語で、「素晴らしい」という意味です。I'm fine.（私は元気です。）やIt's a fine day.（今日はいい天気ですね。）など、日常会話でも、よく使われる単語です。なぜ、「終わり」から「素晴らしい」という意味が派生したかというと、「もうそれ以上のものはない、これが一番！」「もうこれ以上の元気はない、今の状態が一番！」というニュアンスから「素晴らしい」の意味になりました。さらに、fineは「罰金」という意味でも使われます。これも「終わり」のニュアンスから派生しています。例えば、交通違反をしたとき「お金を払ったらこれ以上のペナルティーはありません、これで終わり！」というニュアンスから「罰金」の意味に転じたというわけです。

final（最後の）

finalは、「fin（終わる）」と「-al（〜の）」が合体して「最後の」という意味になります。日本語の「ファイナル」という言葉と同じ意味なので、理解しやすいでしょう。

同じ意味の単語としては、lastもあります。ただ、意味は同じであるものの、ニュアンスが少し異なります。finalは語源にfin（終わる）があるので「これで終結の」というニュアンスが強く出ます。日本語の「ファイナルアンサー」という言葉は、finalのニュアンスがよく表れています。一方、lastは、the last person in line（列の最後の人）など、「最後の順番の」といった「順番」のニュアンスが強く出ます。「順番が最後」ということは、「一番新しい」ととらえることもできるので、lastは「最新の」という意味でも使われます。

finance（財政）

financeは「fin（終わる）」と「-ance（〜すること）」が合体して「財政」という意味になります。語源を合わせただけでは、「財政」の意味とどうつながっているかがわかりません。

元々、financeは「お金を清算する」「借金を払い終える」という意味です。「もうこれ以上の借金はありません、これで完済です！ これで終わりです！」というニュアンスから派生して、「お金に関すること」という意味の「財政」になりました。

このように、単語を見ただけではどのような経緯で現在の意味になったのかわからないものが多いのですが、語源を知ることで歴史の流れや背景が浮かび上がり、英語の理解をより深めることができます。

コンビニは、まさに「便利な」お店

「来る」を表すvenは、ラテン語のvenīre（ウェニーレ：来る）が由来の語源です。そのため、venが付く単語の多くには、「来る」というニュアンスが含まれています。

venue（集合場所／会場）

venueは、「ven（来る）」と「-ue（～こと）」が合体して「集合場所／会場」という意味になります。元々は「集合場所」という意味でしたが、派生して「会場」の意味としても使われます。これは「みんなが来る場所」というニュアンスからきています。

私はオリンピックの通訳の仕事にも携わっていますが、事務局からvenue list（ベニューリスト）というものを渡されます。どの会場で、何の競技が行われているかなどの情報が書かれているリストです。

revenue（歳入）

revenueは「re-（再び）」と「venue（来ること）」が合体して「歳入」という意味になります。さきほど紹介したvenueに接頭辞re-が付いた単語なので、一緒におさえておきましょう。

「再び来ること」が、「投資して使ったお金が再び自分の元にやって来ること」となり、「歳入」という意味になりました。

convenient（便利な）

convenientは、「con-（一緒に）」と「veni（来る）」「-ent（状態）」が合体して「みんなが一緒に来てほしがること」となり、「便利な」という意味になります。接頭辞のcon-については、第3章でも改めて詳しく解説します。

日本語で「コンビニ」と呼ばれている「コンビニエンスストア」は、24時間、年中無休で生活必需品を販売している、まさに「便利なお店」です。

発音は、「コン**ヴィ**ニエント」と真ん中にアクセントが置かれます。対義語は、接頭辞のin-が付いて、inconvenient（不便な）になります。

prevent（～を妨げる）

preventは「pre（前もって）」と「-vent（来る）」が合体して「～を妨げる」という意味になります。これも語源を合わせただけでは、「～を妨げる」の意味とどうつながっているかわかりません。

接頭辞のpre-は、「前もって」という意味です。日本語でも「プレシーズンマッチ」や「プレテスト」などと言います。では、「前もって来る」が、なぜ「妨げる」になるかと言うと、歴史をさかのぼると「戦争などで敵が襲ってくるといけないので、みんなで力を合わせてあらかじめ柵などをつくったり、防御策を講じたりして敵がやって来るのを防いでいた」からです。

ちなみに、Veni, vidi, vici.（ウェニ・ウィディ・ウィキ）「来た、見た、勝った」という言葉があります。古典ラテン語では、「ウェーニー・ウィーディー・ウィーキー」と発音しますが、これは紀元前47年のゼラの戦いでユリウス・カエサルがローマに戦争で勝ったことを伝えた際に発した言葉とされています。ラテン語のとても有名な言葉です。

「gene（遺伝子）」は「すべてのものを生み出すもの」

「生み出す」を表す**gen**は、ギリシャ発祥のラテン語であるgignere（ギグネーレ：出産する）が由来です。genが付く単語の多くには「生み出す」というニュアンスが含まれています。

似たような語源としてさきほどnatを紹介しましたが、これは「この世に生まれてくる」というニュアンスでした。genのほうは「ゼロの状態から何かが生み出される」というニュアンスです。「何もない状態から発生する」とも表現できます。

gene（遺伝子）

geneはgen（生み出す）の語源そのままです。「すべてのものを生み出すもの」という意味から「遺伝子」という意味になりました。

ネイティブも時々間違えてchromosomeという単語を使っていますが、これは「染色体」の意味ですので違います。染色体の中に生物の設計図が書かれた遺伝子が入っているので、示している箇所が違います。

geneは名詞ですが、その後ろにさらに名詞を置いて、2つの名詞が合体した1つの名詞としても表現できます。

ぜひおさえておきたい表現は、gene mutation（遺伝子変異）、gene recombination（遺伝子組み換え）、gene manipulation（遺伝子操作）、gene therapy（遺伝子治療）などがあります。どれもニュースやビジネスでよく使われる表現です。

genetic（遺伝子の）

geneticは「gene（遺伝子）」と「tic（～の）」が合体して「遺伝子の」という意味になります。geneが形容詞になった形なので、ワンセットで頭に入れておきましょう。また、geneticの後ろに名詞がくることで、geneと同様にさまざまな表現ができます。厳密な使い分けはありませんが、例えば、genetic engineering（遺伝子工学）、genetic damage（遺伝子障害）などはgeneticを用います。

generate（～を生み出す）

generateは「gener-（生み出す）」と「-ate（～させる）」が合体して「～を生み出す」という意味になります。genの語源の意味が、全面に出ている単語です。語源のgenは「ゼロの状態から何かが生み出される」というニュアンスがあるので、収入や考え方、電気、エネルギーなどを「生み出す」という意味で使われます。ちなみに、「～する人、もの」を表す接尾辞-orを付けると、generatorになり「発電機」という意味になります。

generation（世代）

generationは「gener-（生み出す）」と「-ation（～すること）」が合体して「世代」という意味になります。語源を合わせただけでは、なぜ「世代」の意味になるのかわかりませんが、これは「次の時代を生み出して続いている」というニュアンスから「世代」という意味になりました。ちなみに「離れる」を表す接頭辞のde-を付けるとdegenerationとなり、「退化」という意味になります。これは「生み出していることからどんどん離れていく」というニュアンスから「退化」の意味になりました。

「前に」+「投げる」で「計画する」

「投げる」を表す**ject**は、ラテン語のjactāre（ヤクターレ：投げる）が由来です。jectが付く単語の多くには、「投げる」というニュアンスが含まれています。

project（～を計画／投影する）

projectは「pro-（前に）」と「ject（投げる）」が合体して「計画／投影する」という意味になります。「計画」の意味のときは名詞なので「プ**ロ**ジェクト」と前にアクセントが、「投影する」の意味のときは動詞なので「プロ**ジェ**クト」と後ろにアクセントがくる**前名後動**の言葉になります。「投影する」のほうは、語源の組み合わせそのままのニュアンスなのでわかりやすいでしょう。接尾辞の-orを付けるとprojector（プロジェクター／投影機）になります。名詞の「計画」という意味は「自分たちの会社の展望などを前側に投げかける」というニュアンスからきています。

reject（～を拒絶する）

rejectは「re-（再び）」と「ject（投げる）」が合体して「再び投げ返す」となり、「～を拒絶する」という意味になります。「反発する」と表現してもよいでしょう。

inject（～を注入する）

injectは「in-（中に）」と「ject（投げる）」が合体して「～を注入する」という意味になります。語源の組み合わせそのままのニュアンスです。接尾辞の-tionが付くと、injection（注射）という名詞になります。

eject（～を追い出す）

ejectは「e-（外に）」と「ject（投げる）」が合体して「～を追い出す」という意味になります。接頭辞のe-はex-と同じ意味で「外に」を表します。こちらも接尾辞の-tionが付くと、ejection（放出）という名詞になります。ビデオやCDを取り出すときのボタンに書かれているejectは、「このボタンを押せば出てきます」という意味を表しています。

object（物体）

objectは「ob-（目の前に）」と「ject（投げる）」が合体して「目の前にあるもの、視野に飛び込んでくるもの」となり、「物体」という意味になります。接頭辞のob-は、「目の前に」という意味です。observe（観察する）の-serveは「注意を向ける」という意味で、「目の前のものに注意を向ける」から「観察」するという意味になりました。

subject（～を服従させる）

subjectは「sub-（下に）」と「ject（投げる）」が合体して「下の立場に向かって投げる」となり、「～を服従させる」という意味になります。

名詞のsubjectは「科目／主題／主語」などの意味ですが、これも「科目も主題も主語もすべて『主』だから、すべてをつかさどっている」というニュアンスになります。アクセントは、名詞が前に、動詞は後ろに置きます。

「influence（影響）」は私たちの「中へ」「流れる」もの

「流れる」を表す**flo**／**flu**は、ラテン語のfluere（フルエーレ：流れる）が由来です。floやfluが付く単語の多くには、「流れる」というニュアンスが含まれます。

flood（洪水）

floodは「flo-（流れる）」と「-ood（～の状態）」が合体して「洪水」という意味になります。「ドバーッと水が流れている状態」というニュアンスです。ちなみに、接尾辞の-oodや-hoodは「～の状態／性質」を表します。childhood（子供時代）、neighborhood（近所）などがあります。

fluent（流暢な）

fluentは「flu-（流れる）」と「-ent（性質）」が合体して「流暢な」という意味です。「流れるようにペラペラ話す」というニュアンスがあり、He speaks fluent English.（彼は流暢な英語を話す。）のように使います。

また、副詞のfluentlyを使うときはHe speaks English fluently.のようにfluentlyを文末に置きます。形容詞と副詞では語順が異なる点に注意が必要です。

fluctuate（変動する）

fluctuateはラテン語のfluctuatusから派生した言葉で、こちらも語源のfluが入っています。元々は「波のように動く」というニュアンスから「変動する」という意味になりました。少し難しい単語ですが、ニュースやビジネス会話の中ではThe stock price fluctuated.（株価が変動した。）などと表現します。

influence（影響）

influenceは「in-（中へ）」と「flu（流れる）」「-ence（〜なもの）」の3つが合体して「影響」という意味になります。「私たちの中に流れ込んでくるもの」というニュアンスです。食文化や経済影響、ファッションにいたるまであらゆるものの考え方や行動が外国から流れ込んできています。

influenza（インフルエンザ）

influenzaは「in-（中へ）」と「flu（流れる）」「-enza（病気／感染症）」の3つが合体して「インフルエンザ」という意味です。「体の中に入り込む病原菌」というニュアンスです。さきほどのinfluenceから派生した単語です。ただ、influenzaという単語は医者が使う医学用語的な感覚なので、日常生活ではfluだけで「インフルエンザ」と表現します。

fluid（流体）

fluidは「flu（流れる）」と「-id（形容詞を形成）」が合体して「流れるもの」となり、「流体」という意味になります。製造業界でよく使われる言葉です。ちなみに、接尾辞の-idが付くことで形容詞になった単語には、solid（固体の）、liquid（液体の）などがあります。気体だけはgasと表記します。他に、stupid（ばかげた）、rapid（素早い）、acid（酸性の）などがあります。

「人」を「保つ」で「tenant（テナント）」

「保つ／続く」を表す**ten**／**tin**は、ラテン語のtenēre（テネーレ：持つ／つかむ）が由来です。tenやtinが付く単語の多くには「保つ／続く」というニュアンスが含まれています。

content（内容）

contentは、「con-（一緒に）」と「-tent（保つ）」が合体して「いろいろな情報が一緒にまとまって保たれている」となり、「内容」という意味になります。動詞はcontain（〜を含む）ですが、語源は同じです。日本語でも、複数形にして「映画のコンテンツ」などと表現しますが、英語でも同じ意味で使われています。

もう1つ、contentには、「〜に満足している」という形容詞としての意味もあります。これも「あー、これでよかった！ という気持ちが続いている」というニュアンスで、名詞と同じ語源です。形容詞のcontentは、受験や資格試験では重要単語です。

tenement（共同住宅）

tenementは「tene（保つ）」と「-ment（組織体）」が合体して「いろんな人が住んで一個の建物が成立している状態」となり、「共同住宅」という意味になります。接尾辞の-mentは、「複数のものが集まっている」というニュアンスから「組織体」という意味です。日本人にはあまり馴染みのない単語かもしれませんが、ビジネスではよく使われます。

tenant（テナント）

tenantは「ten（保つ）」と「-ant（人）」が合体して日本語としても定着している「テナント」という意味になります。日本の街中でも、「テナント募集中」と書かれた看板をよく見かけます。tenantとは、「賃借人（部屋や店を借りる人）」のことです。これは、tenantに含まれる「部屋や店を貸し出すことによってその建物が維持できる」というニュアンスからきています。

continue（続ける）

continueは「con-（一緒に）」と「tinue（続く）」が合体して「続ける」という意味です。これは、continueに含まれる「一緒になって、それを継続させる」「自分が持っているものをずっと続けている」「続けなければいけない仕事と常に一緒にいる」というニュアンスからきています。

continent（大陸）

continentは「con-（一緒に）」と「tin（保つ）」「-ent（名詞を形成）」が合体して「いろいろな国がくっついて、1つの共同体を形成している」というニュアンスが生まれ、「大陸」という意味になります。ヨーロッパ大陸やアメリカ大陸などは、まさにcontinentのニュアンス通りの存在といえます。地理学的に言えば、太古の地球で地殻変動が起き、それまで別々だった島がくっついて1つの土地として現在まで保たれています。continentの語源は、このような大陸が形づくられた歴史も示していると言ってよいでしょう。

「resist（抵抗）」は「反対に」向かって「立つ」こと

「立つ」を表す**sist**は、ラテン語のstāre（スターレ：立つ）が由来です。sistが付く単語の多くには「立つ」というニュアンスが含まれています。

insist on（～を主張する）

insist onは「in-（中に）」と「-sist（立つ）」が合体して「～を主張する」という意味になります。「あるグループの中で私が1人立つこと」というニュアンスです。「はーい！私です」と立ち上がるということは「主張」していますね。また、後ろに前置詞のonが付いていますが、これはワンセットで覚えておきましょう。この後出てくるconsistは前置詞のofを使いますので、非常に紛らわしい箇所になります。

exist（存在する）

existは「ex-（外へ）」と「-ist（立つ）」が合体して「存在する」という意味になります。ここでの「外」は「地球上」という意味です。そのため「地球上に立ち上がっていること」、「現実の世界（この世）に立っていること」というニュアンスからきています。

consist of（～から成り立っている）

consist ofは「con-（一緒に）」と「sist（立つ）」が合体して「～から成り立っている」という意味になります。語源からではどのように意味がつながっているかわかりにくいですね。「いろいろなもの（例えば部品）が一緒になって立っている」というニュアンスです。その部品が集まって1つの機械ができているという意味です。This machine consists of 100 parts.（この機械は100個のパーツから成り立っています。）のように使います。

resist（〜に抵抗する）

resistは「re-（反対に）」と「sist（立つ）」が合体して「〜に抵抗する」という意味になります。「反対に向かって立っている」というニュアンスです。

resistの名詞はresistance（抵抗）になります。これは日本語でも「レジスタンス」という言葉が使われていますね。権力などに対抗するための運動のことですが、抵抗軍や反乱軍などの意味としても使われます。歴史上では第二次大戦中にフランスやヨーロッパ各地で起きたドイツに対する抵抗運動としても有名ですね。

persist in（〜に固執する）

persist inは「per-（〜を通して）」と「sist（立つ）」と前置詞の「in（〜の中に）」の3つが合体して「〜に固執する」という意味になります。

接頭辞per-は「〜を通して」という和訳にしていますが、ニュアンスは「ずっと」です。そして、前置詞のinは「〜の中に」という意味なので、persist inで、「私は〜の中にずっと立っている！」「私はこの立場にずっといたい！」というニュアンスになります。そこから、「〜に固執する」という意味が生まれました。

また、persistの後ろには必ずinがきます。persist inとワンセットで覚えておきましょう。

「service（サービス）」は「役に立っている」「状態」

「役に立つ」を表す**serv**は、ラテン語のservīre（セルウィーレ：仕える／奉仕する）が由来です。servが付く単語は、一見、どれも意味がバラバラです。servの「役に立つ」というニュアンスから、それぞれどのような意味へ派生したのか、語源を中心に理解を深めるようにしましょう。

serve（～に給仕する／～を給仕する）

serveはラテン語のservireから語形が変化しています。「お客様の役に立つ」というニュアンスから、「給仕する」「～に仕える」「～のために尽くす」などの意味になります。「お客様の役に立つ」というserveのニュアンスは、この後の単語のベースになります。

service（サービス／役〈えき〉）

serviceは「serv-（役に立つ）」と「-ice（状態）」が合体して「サービス」や「役（えき）」という意味になります。serviceのニュアンスは**「お客様の役に立っている状態」**です。例えば、medical servicesは、「患者の役に立つ医療の仕事」というニュアンスから、「医療サービス」という意味です。日本語では、「1個サービスです」などと言いますが、英語のserviceに「おまけをあげる」というニュアンスはありません。

conserve（～を温存する）

conserveは「con-（一緒に）」と「serve（役に立つ）」が合体して「〜を温存する」という意味になります。

ここでのserveは「保っておく」という語源のtenやtinのような意味があります。役に立つように「とっておく」というニュアンスです。そこから「いろいろなものを一緒に集めて役に立つようにとっておく」となり、「温存する」という意味が生まれているのです。

conservative（保守的な）

conservativeは「conserve（温存する）」と「-ative（〜的な）」が合体して「保守的な」という意味になります。conserveに「〜的な」が付いて、「保守的な」です。「いろいろなものを1つに集めて役に立つようにとっておくこと」というニュアンスから「守る、保つ」という意味になっています。対義語はprogressive（革新的な）です。

preserve（〜を保存する）

preserveは「pre-（前もって）」と「serve（保っておく）」が合体して「〜を保存する」という意味です。serveが「役に立つ」から「保っておく」のニュアンスに派生しています。

reserve（〜を予約する）

reserveは「re-（再び）」と「serve（保っておく）」が合体して「〜を予約する」という意味になります。語源からだとイメージしにくいですが、「そこのお店がすごくよかったからまた行きたい！」というニュアンスが含まれています。日本語としては、「再びキープしておく」と言ったほうがわかりやすいでしょう。

「conductor(指揮者)」は「導く」「人」のこと

「導く」を表すductはラテン語のdūcere(ドゥーセレ:導く)が由来です。ductが付く単語の多くは「導く」というニュアンスが含まれています。

conduct(〜を導く/引率する)

conductは「con-(一緒に)」と「-duct(導く)」が合体して「〜を導く/引率する」という意味になります。「みんなと一緒に『こっちにおいで!』と導いている」というニュアンスです。conductには名詞の「振る舞い」などの意味もあり、前名後動のルールに則りアクセントが変わります。名詞は「**コ**ンダクト」、動詞は「コン**ダ**クト」となります。

conductor(指揮者/車掌)

conductorは「conduct(導く)」と「-or(人)」が合体して「指揮者/車掌」という意味になります。conductの意味が理解できていれば何も問題はないと思います。指揮者は「それぞれの楽器奏者を1つの音楽という作品へと導く人」というニュアンスです。「音」から「楽曲」へと導く人のことです。

一方、「車掌」という意味もあります。車掌も「乗客を目的地まで導く人」というニュアンスです。ドアを閉めたり、次の駅を案内したりとお客さんを導いています。運転手(train driver)は「安全に、時間通りに運転している」だけなので、導いてはいません。

product（製品）

productは「pro-（前に）」と「duct（導く）」が合体して「製品」という意味になります。よくご存じの単語だけに語源からではイメージしにくいと思いますが、これは「その会社を前進、進歩できるように導くもの」というニュアンスです。売るものである製品がなければ会社は成立しませんね。また、製品がたくさん売れれば会社を大企業へと導いてくれるものとなります。製品は「導くもの」なのです。

abduct（～を拉致する）

abductは「ab-（離れる）」と「duct（導く）」が合体して「～を拉致する」という意味になります。これも語源からでは意味がつながりにくいですね。「『こっちにおいで！』と離れたほうに導く、連れて行く」というニュアンスです。接頭辞のab-は日本語でもアブノーマル（ノーマルの状態から離れている）という意味で使われていますね。

deduct（～を控除する）

deductは「de-（離れる）」と「duct（導く）」が合体して「～を控除する」という意味になります。語源を見るだけではさきほどのabductと同じですが、意味は違います。deductは「外れたほうに導く」というニュアンスです。「この項目は書かずに飛ばしていいですよ」ということです。そこから納税などをしなくても済むという意味で「～を控除する」になりました。接頭辞のab-とde-の違いですが、ab-は「遠くに離れた状態」に焦点が当たったニュアンスで、de-は「離れていく動き」に焦点が当たったニュアンスになります。

「つくる」と「場所」で「factory(工場)」

「つくる」を表す**fac**は、ラテン語のfacere（ファセーレ：つくる）が由来です。facが付く単語の多くは「つくる」というニュアンスが含まれます。

factory（工場）

factoryは「fac（つくる）」と「-tory（部屋、場所）」が合体して「工場」という意味になります。「ものをつくる場所」だから「工場」というわけです。接尾辞の-toryは、laboratory（実験室）という単語にも使われています。

また、laborの部分は、「働く」という意味もあります。宿舎や寮を意味するdormitoryも、dormit（眠っている）に「-tory（部屋）」が合体してできた単語です。

factor（要素）

factorは「fac（つくる）」と「-tor（人）」が合体して「要素」という意味になります。「人がつくるもの」、「つくるための元になるもの」というニュアンスから、「要素」という意味が生まれました。日本語でも、「リスクファクターを考える」などと表現しますが、「危険を伴う要素を考える」という意味で、英語と同じようなニュアンスで使われています。

「要素」の他に、factorは数学の世界では「因数（約数）」の意味もあります。特に、因数が素数のものは素因数（prime factor）です。

facility（施設）

facilityは「fac（つくる）」と「-ty（名詞を形成）」が合体して「施設」という意味になります。語源をつなげただけでは「つくること」という意味になり、factoryと同じになってしまいます。facilityに「必要性に迫られてつくられた建物」というニュアンスがあることから、「施設」の意味になっています。facilityの他に、接尾辞の-lityが付いて名詞になった単語としては、ability（能力）、quality（品質）、capacity（収容能力）、flexibility（柔軟性）、sensibility（感性）などがあります。

facilitate（～を促進する）

facilitateは、「facilit（施設）」と「-ate（動詞を形成）」が合体して「～を促進する」という意味になります。なぜ、「施設」の動詞形が「～を促進する」という意味になるかというと、「施設で働くことで雇用を促進する」というニュアンスから派生しているからです。

facilitateの他に、接尾辞の-ateが付いた動詞としては、educate（教育する）、nominate（指名する）、activate（活性化する）などがあります。

faculty（才能／学部）

facultyは「facul（つくる）」と「-ty（名詞を形成）」が合体して「才能／学部」という意味です。facilityの派生形ではあるものの、意味は変わります。「才能」という意味は「神が自分に対してくれた力」というニュアンスからです。要は、神から「君はこの分野の仕事をしなさい！」と告げられて与えられた能力ということです。「学部」の意味は「大学が次の世代の優秀な人材をつくる場所」というニュアンスからきています。

「中に」「回転しながら入る」で「involve（巻き込む）」

「回転」を表す**volve**は、ラテン語のvolvere（ウォルウェーレ：転がす）が由来です。自動車会社のVOLVO（ボルボ）も、ラテン語のvolvōが由来になります。

なぜ、「回転」という意味を持つ単語を会社名にしたかというと、元々、ボルボはベアリング（車輪などの回転をスムーズにする部品）をつくっていた会社だからです。

involve（～を巻き込む）

involveは「in-（中に）」と「-volve（回転）」が合体して「～を巻き込む」という意味になります。involveは、「中にぐるぐる回転しながら入っていく」というニュアンスが含まれることから、「～を巻き込む」の意味になりました。

revolve（回転する）

revolveは「re（再び）」と「-volve（回転）」が合体して「回転」という意味になります。

なぜ、「再び回転」という語源から「回転する」という意味になったかというと、「ぐるぐる回転して、同じ場所に戻る」というニュアンスによります。そのため、回転式拳銃のことをrevolverと表記するのです。

revolution（革命）

revolutionは「revolve（回転する）」「-tion（名詞を形成）」が合体して「革命」という意味になります。この単語も、「回転すること」という語源だけでは、なぜ「革命」の意味になるかがつかみにくいのですが、これは「元々は良い国だったけど、悪い王様になったせいで国が悪くなってしまった。今までのようなよい世界に戻そう！」というニュアンスによります。

「革命」というと、「新しい世界をつくる」と思っている人が多いですが、revolutionに含まれるニュアンスは「回転して元に戻す」です。そのため、「新しい世界をつくる」と表現したいときはrenovationという単語を使います。日本語でも、「家をリノベーションする（リノベする）」などと表現することから理解しやすいと思います。家具や壁紙を替えて新築のようにすることですね。

devolve（譲渡する）

devolveは「de-（離れる）」と「volve（回転）」が合体して「譲渡する」という意味になります。involveの反対のニュアンスで、日本語の意味は少し異なり「譲渡する」になりますが、ニュアンスはinvolveの反対で合っています。これは「他の方向にぐるぐると回転しながらものが流れ出てしまう」というニュアンスから「譲渡する」という意味になりました。

「手」＋「持つ」で「維持する」

「持つ」を表す**ten／tain**は、「保つ・続く」の語源であるten／tinと同じラテン語のtenēre（テネーレ：持つ／つかむ）が由来です。ten／tainは、ten／tinの派生になります。

maintain（～を維持する）

maintainは、「main-（手）」と「tain（持つ）」が合体して「～を維持する」という意味になります。接頭辞のmain-は、前述の「手」の意味を表すmanやmaniが語形変化したものです。そのため、単語に含まれるニュアンスは「手に持っている」になります。そこから転じて、「～を維持する」の意味になりました。

maintainに接尾辞の-ance（性質／行為）が合体したmaintenance（維持）という単語は、日本語でも「メンテナンスする、メンテする」などと使われています。日本語では、「この車、壊れたのでメンテナンスしてもらえる？」などと、「車や機械を直す」というニュアンスで使われていることが多いのですが、英語のmaintainのニュアンスは違います。maintenanceは「維持すること」なので、「壊れる前に前もって手を加えること、調整すること」という意味です。壊れたものを直す場合は、repairを使います。

entertain（～を楽しませる）

entertainは「enter-（中に）」と「tain（持つ）」が合体して「～を楽

しませる」という意味になります。「相手の心の中に入って、『楽しい』という気持ちを持つこと」のニュアンスから「〜を楽しませる」になりました。

sustain（〜に耐える／〜を引き延ばす）

sustainは「sus-（ぶら下がっている）」と「-tain（持つ）」が合体して「〜に耐える／〜を引き延ばす」という意味になります。「鉄棒などにつかまって、ぶら下がっている状態で持っている」ニュアンスです。このニュアンスを理解できると、「〜に耐える」や「〜を引き延ばす」という意味になるのも納得できると思います。

ちなみに、接頭辞のsus-は、「ぶら下がっている」という意味の他に「吊るす」というニュアンスもあります。この「ぶら下がっている」「宙ぶらりん」な状態をよく示した単語がsuspendで、「一時中止（停止）する」という意味です。過去分詞形のsuspendedは、「サスペンディッドゥ」として、野球やゴルフで悪天候などによって試合が一時中断する言葉として日本語でも使われています。その他にも、suspension（サスペンション）は車の車高を調整したり、でこぼこ道でも車が揺れないように制御してくれたりする部品のことを指します。suspender（サスペンダー）も、ズボンが下がらないように吊るしておくベルトのことですね。

retain（〜を保持する）

retainは、「re-（再び）」と「tain（持つ）」が合体して「〜を保持する」という意味になります。「散らばってしまったものをもう一度集めて持っておくこと」「再び散らばってしまわないように自分の手の中に持っておくこと」というニュアンスがあります。retainは、権利や地位などを「保持する」という意味で使われることが多く、少し硬い表現といえます。日常生活で「持ち続ける」と表現する場合は、keepやholdを使います。

postpone（延期する）は「後ろに」予定を「置く」こと

「置く」を表す**pone／pose**はラテン語のpōnere（ポーネレ：置く）が由来です。poneやposeが付く単語の多くには「置く」というニュアンスが含まれています。

postpone（～を延期する）

postponeは「post-（後ろに）」と「pone（置く）」が合体して「～を延期する」という意味になります。「後ろに（後日に）予定を置く」というニュアンスから「～を延期する」の意味になっています。

ネイティブは、この「～を延期する」という意味の熟語表現をよく使います。代表的なのが、put offやpush backです。どちらも「後ろに置く」というニュアンスが出ているので、あわせておさえておくことをオススメします。

接頭辞のpost-は、日本語でも「ポスト岸田総理」などと使いますが、これは岸田総理の“次の”総理大臣という意味です。

propose（～を提案する）

proposeは「pro-（前に）」と「pose（置く）」が合体して「～を提案する」という意味になります。「アイデアなどを責任者の前に置く」という、そのままのニュアンスです。ただ、日本語の場合、プロポーズといえば「結婚してください！」という表現をします。日本語のプロポーズも「結婚しましょう」と提案していることに違いありませんが、英語のproposeには、“しっかり”提案するというニュアンスがあります。

impose（～を課す）

imposeは「im-（内側に）」と「pose（置く）」が合体して「～を課す」という意味になります。語源の意味だけではわかりにくいですが、「自分の頭の中に『これをしなくちゃ！』という考えを置く」というニュアンスがあります。そこから「課す」という意味が生まれました。

expose（～をさらす）

exposeは、「ex-（外側に）」と「pose（置く）」が合体して「～をさらす」という意味になります。imposeの反対のニュアンスです。これは語源の意味そのままです。

compose（～を組み立てる）

composeは「com-（一緒に）」と「pose（置く）」が合体して「～を組み立てる」という意味になります。「いろいろな言葉や音を一緒にする」というニュアンスから、「作文する」「作曲する」という意味もあります。

「人」を表す接尾辞-erを付けたcomposerは、「作家」や「作曲家」という意味になります。

dispose（～を配列する）

disposeは「dis-（離れた）」と「pose（置く）」が合体して「～を配列する」という意味になります。「離れた場所にきちんと（整然と）置いていく」というニュアンスがあります。日本人には聞き慣れない単語かもしれませんが、商談などの場ではよく使われます。

「2回目以降」の「お願い」でリクエスト

「求める／欲する」を表す**que／qui**は、ラテン語のquaerere（クゥアエレーレ：望む／求める／探す）が由来です。queやquiが付く単語の多くは「求める」「欲する」というニュアンスが含まれています。

quest（～を探求する）

questは古フランス語のqueste、また、それ以前のラテン語のquaerere（どちらも「探し求める」という意味）に由来しており、語源のque（求める）が含まれています。

require（～を要求する）

requireは「re-（再び）」と「qui（求める）」「-re（動詞を形成）」が合体して「～を要求する」という意味になります。re-には「何度も何度も」というニュアンスがあるので、requireの「～を要求する」にも、「何度も何度も求める」というニュアンスが含まれています。まさに、「しつこく要求する」というイメージです。そのため、普通にお願いする場合は、askを使うほうがよいでしょう。

request（リクエストする）

requestは「re-（再び）」と「quest（探求する）」が合体して「リクエストする」という意味になります。questに接頭辞のre-が付いています。

requestも、requireと同様に「要求する」という意味ですが、requireのような「しつこさ」はありません。接頭辞のre-が付いているので、「1回目のお願い」にrequestは使えません。「2回目以降のお願い」になる点に注意しましょう。これは、日本語のリクエストにはないニュアンスです。

requestと似た単語にアンコール（encore）があります。これは元々フランス語で「もう一度」の意味です。encoreが芸術やエンターテインメントの場面で使われる一方、requestは全般的に使われます。

inquire（～を尋ねる）

inquireは「in-（内側に）」と「quire（探し求める）」が合体して「～を尋ねる」という意味になります。requireとは接頭辞が違うだけですが、「自ら教えを乞うて自分の知識の中に入れようとする」というニュアンスがあります。

conquer（～を征服する）

conquerは「con-（一緒に）」と「quer（求める）」が合体して「～を征服する」という意味になります。「他の国を『自分の国にしたい！』と求め、1つの国として一緒にすること」というニュアンスです。

acquire（～を獲得する）

acquireは「ac-（～を）」と「quire（探し求める）」が合体して「～を獲得する」という意味になります。意味はgetと似ていますが、ニュアンスが異なります。getは一般的に広く「～を得る」こと、acquireはスキルや権利、資産を「得る」ことを指します。少し硬い表現といえます。

「手」で「書かれたもの」だから「manuscript（原稿）」

「書く」を表す**scri**は、ラテン語のscrībere（スクリーベレ：書く）が由来です。scriが付く単語の多くは「書く」というニュアンスが含まれています。

script（台本）

scriptはラテン語のscriptum（書かれたもの）が由来で、語源の scri（書く）と合わせて、「台本」という意味になります。

manuscript（原稿）

manuscriptは「manu-（手で）」と「script（書かれたもの）」が合体して「原稿」という意味になります。

前述のman／maniという語源が入っています。manu-は、これらが語形変化したものです。

台本も原稿も、文字が書かれたものに違いありませんが、「口に出して読むもの」として書かれたものがscript（台本）、「目で読むもの」として書かれたものがmanuscript（原稿）というように使い分けます。要は、演劇や舞台などで使われるのがscript、書籍や作文などで使われるのがmanuscriptです。

describe（記述する）

describeは、「de-（離れる）」と「scri（書く）」「be（〜のこと）」が合体して「記述する」という意味になります。
「頭にあった考えを、頭から離れて文字として書くこと」というニュアンスです。接頭辞のde-についてはこの後第3章でもご紹介します。

describeは「書いて伝える」ニュアンスが強いのが語源からもよくわかります。一方、メディアで報道するという「伝える」のニュアンスが強いのがreportで、「口を使って話して伝える」のニュアンスが強いのがtellになります。

prescription（処方箋）

prescriptionは「pre-（前に）」と「scription（書かれたもの／書類）」が合体して「処方箋」という意味になります。「薬をもらう前に書いてもらう書類」というニュアンスです。こちらも接頭辞のpre-とともに第3章で改めてご紹介します。

P.S.（postscript　追伸）

P.S.として表記されることもある**postscript**は「post-（後に）」と「script（書かれたもの）」が合体して「追伸」という意味になります。

「売る」と「人」で vendor（売り子）

「売る」を表す**vend**はラテン語のvēndere（ウェーンデレ：売る）が由来です。vendが付く単語の多くは「売る」というニュアンスが含まれています。

vendor（売り手／売り子）

vendorは「vend-（売る）」と「-or（～する人）」が合体して「売り手／売り子」という意味になります。日本でも、野球場などでビールを売っている人を「ベンダー」と呼んだりします。

vendee（買い手）

vendeeは「vend-（売る）」と「-ee（～される人）」が合体して「買い手」という意味になります。

なぜ、語源は「売る」なのに「買い手」という意味になるかというと、接尾辞の-eeが「～される人」という受け身の意味になるからです。第3章で改めて詳しく解説しますが、「売られる人」というニュアンスから「買い手」という意味になるのです。また、接尾語-eeの部分にアクセントがくるので、発音は「ベンディー」になります。

vendorやvendeeは、英語の市場調査などの報告書でよく目にします。「売り手市場」はvendor market、「買い手市場」はvendee marketと言います。日常会話ではあまり登場しないと思いますが、ビジネスの世界では必須の単語といえます。

vending machine（自動販売機）

vending machineは「vending（販売する）」と「machine（機械）」で「自動販売機」という意味になります。vendingの後ろには名詞がきます。

vendingという単語は「売る」という意味ではあまり使われません。硬い表現でもありますし、vendingという言葉自体が古く、日本語でいう古文のような表現ですので日常会話ではあまり登場しません。普段はみなさんがご存じのsell（売る）を使いますので、vendingという単語を知っておくだけで十分です。

vendible（販売品）

vendibleは「vend-（売る）」と「ible（〜することが可能な）」が合体して「販売品」という意味になります。「売ることが可能なもの」という語源そのままですが、「vendible」とだけ書かれた紙が貼られたものを見ても、意味を知っていないと何のことかわからなくなってしまいます。時々豪華絢爛な彫刻品や美術品などが展示されていて、すごいなぁと思って横に目を向けるとさりげなくvendibleと書かれていて「これ商品なんだ！」とビックリすることもあります。もちろん価格もビックリですが……。

どちらかと言えば、vendibleの対義語であるunvendible（非売品）のほうが大切です。「unvendible」と書かれた展示物をレジに持って行くと怒られてしまいますので、特に海外旅行する際には知っておきたい単語です。しかし、このvendibleもunvendibleも硬い表現なので、美術品など厳かな商品に書かれていることが多いです。気軽に足を運べるお店にはunvendibleではなくnot for sale（非売品）と書かれていることが多いのでボキャブラリーの1つとして覚えておくとよいでしょう。

「外に」+「伸ばす」で「延長する」

「伸ばす／広げる」を表す**tend**は、ラテン語のtendere（テンデーレ：伸ばす）が由来です。tendが付く単語の多くは「伸ばす」や「広げる」というニュアンスが含まれています。tend to ～（～する傾向がある）という熟語に語源のtendが使われていますが、「～のほうに行動が伸びていく」というニュアンスから「傾向がある」という意味です。

extend（～を延長する）

extendは「ex-（外に）」と「tend（伸ばす）」が合体して「～を延長する」という意味になります。「外側にビローンと伸ばす」というニュアンスです。語源の組み合わせそのままで理解しやすいでしょう。

intend（～を意図する）

intendは「in-（中に）」と「tend（広がる）」が合体して「～を意図する」という意味になります。接頭辞にextendのex-とは逆の意味のin-が付いたからといって、extendの「～を延長する」に対してintendが「～を縮小する」となるわけではありません。intendには「心の中で気持ちが広がっている状態」というニュアンスがあります。「何かを意識している状態」という理解でもよいでしょう。そこから、「～を意図する」という意味が生まれました。

日常会話において、「～を意図する」という日本語はあまり使いませんが、「何かをしようと思い立つこと」と理解すればよいでしょう。

attend（～の世話をする）

attendは「at-（～に）」と「tend（手を伸ばす）」で「～の世話をする」という意味になります。接頭辞のat-は前置詞のatと同じようなニュアンスです。前置詞のatは「ある一点」を指します。つまり、「ピンポイントで指す」というニュアンスがあるのです。「ピンポイントで相手に向けて手を伸ばす」という意味合いから、「～の世話をする」という意味が生まれています。

look afterやtake care ofなど、「～の世話をする」という意味の熟語もよく使われるので、あわせておさえておきましょう。

pretend（～のふりをする）

pretendは「pre-（前もって）」と「tend（伸ばす）」が合体して「～のふりをする」という意味になります。語源からではわかりにくいですが、「前もって伸ばす」というニュアンスから元々は「口を挟む」という意味でした。それが時代とともに変化して「～のふりをする」という意味になりました。「知ったかぶりをする」と言ったほうがわかりやすいと思います。pretendは後ろに不定詞を置いてpretend to ～で表記します。

tension（緊張）

tensionは「ten-（伸ばす）」と「sion（名詞を形成）」が合体して「緊張」という意味になります。「心や神経がピーンと伸びた状態」というニュアンスです。日本語では「テンションが高い人」や「テンションが上がっている」などと表現し、英語の意味と異なるので注意が必要です。動詞と形容詞はtenseになります。I'm tensed up.（緊張している。）やMy shoulders are tensed.（肩が凝った。）などと表現します。

波動が体の「中」をドーンと「押す」から「impulse（衝撃）」

「押す／打つ」を表す**puls**は、ラテン語のpulsāre（プルサーレ：押す／打つ）が由来です。pulsが付く単語の多くには、「押す」や「打つ」というニュアンスが含まれています。

pulse（脈）

pulseは、pulsを語源に持つラテン語pulsum（鼓動していること）から「脈」という意味になります。脈は心臓の動きに合わせて「ドクッドクッ」と打っていますね。

日本語の「パルスメーター」という言葉からもわかる通り、pulseは基本的に名詞ですが、動詞で使うこともあり、his heart is pulsing with joy. と言うこともできます。ただ、元々の動詞はpulsateなので、本来の表現は、His heart is pulsating with joy.（彼の心は喜びでドキドキしている。）となります。

pulsate（脈を打つ）

前述の通り、**pulsate**はpulseの動詞で、「脈を打つ」という意味になります。「脈を打つ」の他に、上の例文の「ドキドキする」や「ワクワクする」「震える」といったニュアンスでも使います。

pulsateと似たような表現にbeatがあります。beatは「音が繰り返される」、pulsateは「規則的なリズムで」というニュアンスが強調されます。

palpitation（動悸）

palpitationはpulsateの派生形であるpalpitateの名詞形です。

意味は「動悸」です。海外で体調が悪くなって動悸が激しいときは病院で「palpitation! palpitation!」と言えば、意味が伝わります。

pulsateとpalpitateの違いは、「鼓動の速さ」です。palpitateのほうが「激しい動悸」というニュアンスが強くなります。

impulse（衝撃）

impulseは「im-（中に）」と「pulse（押す）」が合体して「衝撃」という意味になります。

一見、意味と語源が少し乖離していますが、「波動が体の内側にドーンと入ってくること」というニュアンスから「衝撃」という意味が生まれています。

「衝撃」の他に、「衝動」といった意味もあります。衝動とは、「これがしたい！」「これがほしい！」など、強い気持ちや欲求のことです。

want（〜がほしい）よりも、impulseは強い気持ちや欲求を表します。

repulse（〜を撃退する）

repulseは「re-（反対に）」と「pulse（押す）」が合体して「〜を撃退する」という意味になります。

「自分とは反対側にドーンと押し返す」という語源の組み合わせのニュアンスから派生して、「〜を撃退する」という意味になります。日常会話においては聞き慣れない単語ですが、映画や小説ではよく見かける単語です。

「洗う」「場所」だから「お手洗い」

「洗う」を表す**lava**や**laun**は、ラテン語のlavāre（ラワーレ：洗う）が由来です。lavaやlaunが付く単語の多くは、「洗う」というニュアンスが含まれています。

lavatory（お手洗い）

lavatoryは、「lava-（洗う）」と「-tory（部屋／場所）」が合体して「お手洗い」という意味になります。これは、語源の組み合わせそのままのイメージでしょう。ただ、lavatoryは、あくまで文字表記で使う単語なので、会話の中ではほとんど使いません。会話では、bath roomやrest roomを使います。

laboratory（実験室）とlavatoryは、スペルが似ているので、間違えないように注意しましょう。

laundry（洗濯物）

laundryは「laun-（洗う）」と「-dry（場所）」が合体して「洗濯物」という意味になります。「洗濯場」や「洗濯室」という意味でも使います。日本語でも、コインランドリーという単語が定着しています。コインランドリーは、coin laundryとして英語でも使えます。以前は、pay laundryと呼ばれていましたが、少し古い表現のため、今では使われていません。

ちなみに、クリーニングは和製英語です。クリーニングは、英語ではdry cleaningやdry cleanerと言います。海外でクリーニングに出したいときは「laundry and dry cleaning」や「launderer and dry cleaner」と看板に書かれた店が、日本でいうクリーニング店になります。

launder（～を洗濯する）

launderは「laund-（洗う）」と「-er（人）」が合体して「～を洗濯する」という意味になります。

現在は全自動の洗濯機が普及していますが、昔は人が服を洗っていたため接尾辞の-erが付いています。基本的に、接尾辞の-erは名詞になるものの、launderについては動詞の扱いになる点に注意が必要です。活用もlaunder—laundered—launderedとなります。

「洗う」という意味の単語として日本人が最初に思い浮かべるのはwashだと思います。washは、服を洗うときにも使える単語です。ただ、washは「洗う」という部分のみに焦点が当たっているのに対し、launderのほうは「洗剤と柔軟剤を入れ、洗ってすすいで、さらに脱水をして、干す」という、洗濯の一連の流れすべてが含まれるニュアンスがあります。

money laundering（マネー・ロンダリング）

money launderingは「money（お金）」と「laundering（洗う）」が合体した意味になります。「汚れたお金（脱税や横領など悪いことをして得たお金）」について、世界各国の銀行へ振り込みを繰り返すことでお金の出どころをわからなくさせ、「きれいなお金に変える」ことを指します。日本語でも、「マネー・ロンダリング」という言葉が経済用語として定着しています。日本語で、「資金洗浄」という表現もあります。

言わずもがなですが、マネー・ロンダリングは犯罪行為です。

「一緒に」「押しつける」から「圧縮する」

「押しつける」を表す**press**は、ラテン語のpressāre（プレサーレ：押しつける）が由来です。pressōは、コーヒーのエスプレッソ（espresso：イタリア語）の語源にもなっています。"圧力をかけて" 抽出する濃いコーヒーであることから、エスプレッソと呼ぶというわけです。

compress（～を圧縮する）

compressは「com-（一緒に）」と「press（押しつける）」が合体して「圧縮する」という意味になります。語源の組み合わせが単語の意味と近いので、理解しやすいでしょう。「いろいろなものを一緒にしてギューッと1つの塊にする」というニュアンスです。

impress（～を印象づける）

impressは「im-（中に）」と「press（押しつける）」が合体して「印象づける」という意味になります。目立った服装などを見ると「その映像が自分の頭の中にギューッと押しつけられて入り込む」というニュアンスから、「印象づける」という意味になりました。

express（～を表現する）

expressは、「ex-（外に）」と「press（押しつける）」が合体して「～を表現する」という意味になります。「自分の考えを外に出して相手にギューッと押しつける」ニュアンスから「〜を表現する」の意味になりました。

また、外に「ドンッ！」と勢いをつけて押し出すニュアンスから「急いで届ける」というイメージの「急行の」「速達の」という意味もあります。急行列車はexpress train、特急列車はsuper express trainと表記します。

郵便でも、Please send a mail by express.（速達で手紙を出してください。）という表現があります。

oppress（〜を圧迫する／迫害する）

oppressは「op-（反対に）」と「press（押しつける）」が合体して「〜を圧迫する」「迫害する」という意味になります。「何かにギューッと押しつける」ニュアンスから「〜を圧迫する」、「相手の体や行動、人権をギューッと押しつける」ニュアンスから「〜を迫害する」という意味が生まれました。

suppress（〜を鎮圧する）

suppressは「sup-（下に）」と「press（押しつける）」が合体して「〜を鎮圧する」という意味になります。「人が騒いでいるときに下へギューッと押しつける」ニュアンスから、「〜を鎮圧する」となったわけです。

depress（〜を停滞させる）

depressは「de-（離れる）」と「press（押しつける）」が合体して「〜を停滞させる」という意味になります。「本来やりたいことから離れる状態」というニュアンスから「〜を停滞させる」という意味が生まれています。

また、同じニュアンスから「〜を落胆させる」や「〜を憂鬱にさせる」など、派生した意味もあります。経済用語として、「〜を不景気にする」「（相場を）下落させる」「〜の力を弱める」などの意味でも使われます。

「悪い」+「機能」で「malfunction(故障)」

「悪い」を表す**mal**は、ラテン語のmalus(マルス)が由来です。malが付く単語の多くには、「悪い」というニュアンスが含まれています。

malaria(マラリア)

malaria(マラリア)は、「mal(悪い)」と「aria(空気)」が合体してできた単語です。

現在、マラリアはマラリア原虫を持った蚊に刺されることによって伝染する病気だということが広く知られていますが、かつては「空気感染する病気」だと考えられていました。そのため、「mal + aria(空気中でうつる悪いもの)」という単語ができたのです。

malady(弊害)

maladyは「mal(悪い)」と「-dy(もの)」が合体して「弊害」という意味になります。語源の意味は前述のmalariaと同じですが、malariaは「病原体」というニュアンスがあるのに対し、maladyは「社会や組織の深刻な問題」というニュアンスであることから、「弊害」の意味になったのです。ただ、古い表現なので、日常会話で耳にすることは少ないでしょう。「社会には深刻な問題がある。」と言いたいときは、There are serious problems in society. という表現で十分です。

malefaction(悪事)

malefactionは「mal（悪い）」と、P150で紹介した「-fac（つくる、～をする）」「-tion（～のこと）」が合体して「悪事」という意味になります。「悪いことをすること」というニュアンスから「悪事」になりました。

facは、接頭辞、接尾辞、語幹のいずれにも使われる言葉です。facはラテン語のfacere（つくる、～をする）が由来です。現代英語ではmakeに相当し、factory（つくる場所）⇒工場、benefactor（利益をつくってくれる人）⇒恩人などの単語があります。

malevolence（悪意）

malevolenceは「mal（悪い）」と「vol（心）」「-lent（～の状態）」の3つが合体して「悪意」という意味になります。
「悪い心を持った状態」というニュアンスから、「悪意」の他に「他人の不幸を喜ぶ」や「意地の悪い」という意味もあります。

volは、接頭辞としても使われます。volunteer（ボランティア）は「金銭面をまったく気にせず、良心だけで動く人」というニュアンスです。日本語の「ボランティア」という言葉も同じ意味で使われています。

malfunction（故障）

malfunctionは「mal（悪い）」と「function（機能）」が合体して「故障」という意味になります。語源の組み合わせそのままです。日常会話よりも書類上で「故障箇所」や「機能障害」という意味でよく見かける単語です。日常会話で「故障」を表現したいときは、out of orderでよいでしょう。

「年」「巡る」「こと」で「anniversary(〜周年記念)」

「年」を表す**ann**は、ラテン語のannus(アンヌス)が由来です。

annが付く単語の多くには、「年」というニュアンスが含まれています。

annual(毎年の)

annualは「ann(年)」と「-al(形容詞を形成)」が合体して「毎年の」という意味になります。「年1回の」というニュアンスも含まれています。「1年中」を表現したい場合は、yearlyやall year roundを使います。

ちなみに、「年2回の」はbiannual、「半年に1回の」はsemiannualです。接頭辞のbi-は「2つ」、semi-は「半分の」という意味です。日本語でも、「準決勝」を意味する「セミファイナル」という言葉が定着しています。

anniversary(〜周年記念)

anniversaryは「anni(年)」と「-vers(回る、巡る)」「ary(〜のもの、こと)」の3つが合体して「〜周年記念」という意味になります。「1年に1回巡ってくること」というニュアンスからきています。日本語でも、「アニバーサリー」という言葉が定着しています。

「記念日」という意味でも使われており、「結婚記念日」はwedding anniversary、「50周年記念」はthe 50th anniversaryです。

また、the second anniversary of my grandfather's death(祖父の3回忌)という表現もあります。

annuity（年金）

annuityは「anni（年）」と「-ity（名詞を形成）」が合体して「年金」という意味になります。annuityは少し硬い表現なので、市役所で書く正式書類などに使われることが多い単語です。「年金」と言いたいときは、pensionを使うことが多いです。日本語の「ペンション」は、「料金が安い民宿」という意味で使われます。これは、英語の「年金暮らしの人でも利用しやすい宿」というニュアンスからきています。ちなみに、pensionの語源は「吊り下がったもの、宙ぶらりんの状態」というニュアンスからです。「いったん、国にお金を預けておく」という、お金が“宙ぶらりんの状態”という意味合いから、pensionが年金を指すようになりました。

Anno Domini（紀元後）

Anno Domini（アノ・ドミニ）は、ラテン語がそのまま英語として使われている単語です。意味は、「紀元後」です。よく、A.D.と省略して用います。「紀元前」は、Before Christ（B.C.）と表現します。こちらは英語で、「キリストが生まれる前」という意味です。

Dominiは、「聖人」という意味です。つまり、キリストのことです。

Annoは、語源のannと同様に「年」という意味になります。この2つの単語が合体して「聖なる人（キリスト）が生まれてから数えて」というニュアンスが生まれ、「紀元後」という意味になりました。

ちなみに、人の名前としてDominic（ドミニク）があります。これはDominiが由来で、「聖なる人」という意味を込めて名付けられているのです。

「水」+「離れる」で「dehydrate(脱水する)」

「水」を表す**hydr**は、ギリシャ語由来のラテン語であるhydor(ヒュドール:水の)からきています。hydrが付く単語の多くには「水」というニュアンスが含まれます。車のタイヤと路面の間に水が入り、コントロールが効かない状態を日本語でも「ハイドロプレーニング現象」と呼びます。

また、「水」を表す語源としては、ラテン語のaquaもあります。aquariumは「水族館」の意味で、スポーツ飲料のaquarius(アクエリアス)は、「水みたいなもの」という意味から名付けられています。

hydrate(〜に水を与える)

hydrateは「hydr(水)」と「-ate(動詞を形成)」が合体して「〜に水を与える」という意味になります。hydrationと名詞形になると、「加水」という意味です。化学の世界や製造業では必須の単語です。

hydraulic power plant(水力発電所)

hydraulic power plantの意味は「水力発電所」です。hydraulicは、「hydr(水)」と「-aul(パイプ)」「ic(形容詞を形成)」の3つが組み合わさり、「水道管に関する」というニュアンスから「水力の」という意味になります。

power plantで「発電所」を表します。そのため、原子力発電所はnuclear power plant、火力発電所はthermal power plantと言います。

ちなみに、solar power station(太陽光発電所)の場合は、plantではなくstationを使います。

hydrant（消火栓）

hydrantは「hydr（水）」と「-ant（名詞を形成）」が合体して「消火栓」という意味になります。「水が出るところ」のニュアンスです。この単語は絶対に覚えておくべきです。海外のホテルに滞在する際にはこのhydrantの場所を確認しておくことが大切です。

dehydrate（～を脱水する）

dehydrateは「de-（離れる）」と「hydrate（水を与える）」が合体して「～を脱水する」という意味になります。「水が離れた場所に行ってしまう」というニュアンスです。dehydrated powderは、スポーツドリンクなどをつくる「素」になる「脱水された粉（脱水粉）」という意味になります。

dehydration（脱水症状）

dehydrationは、dehydrateの名詞形で「脱水」という意味ですが、もう1つ「脱水症状」という意味もあります。もし、海外で体調が悪くなって病院に行った際には、このdehydrationを使えばお医者さんは状況を把握してくれます。

hydrogen（水素）

hydrogenは「hydro（水）」と「gen（～を発生させるもの）」が合体して「水素」という意味になります。「水に関する元素」というニュアンスです。そのため酸素はoxygenですし、炭素はnitrogenと言います。

「テラス席」は「大地」を見渡せる「場所」

「大地／地球」を表す**terra**は、ギリシャ語由来のラテン語で、そのままterra（テラ）です。terraが付く単語の多くに、「大地」や「地球」というニュアンスが含まれています。

terrace（台地／テラス）

terraceは、「terra（台地）」と「-ce（場所）」が合体して「台地／テラス」という意味になります。terraの「台地」は、「高台」や「下の土地を見渡せる場所」のことです。日本語でも、「外の景色を見渡せる場所」という意味で「レストランのテラス席」などと表現されています。

terrain（地域）

terrainはterraの語源が派生して、「地域」という意味になります。「その人たちが住む行政区の一地区」というニュアンスです。
「地域」という意味で日本人に馴染みのある英単語といえば、areaでしょう。意味はterrainと同じですが、ニュアンスが異なります。terrainは、「地域」といってもどちらかといえば地形など、「その土地の形」に焦点が当てられています。例えば、the rugged terrain「険しい地形」などです。一方、areaは「面積や地理的な場所」に焦点が当たっているのです。そのため、the urban areaで「都市地域」という意味になります。日常会話では、terrainよりも、areaのほうが一般的に使われる表現です。

territory（領土／陣地）

territoryは「terri（大地）」と「-tory（場所）」が合体して「領土／陣地」という意味になります。ここまでで、接尾辞の-toryは何度か登場していますが、この場合は「場所」というより「区切られた土地」というニュアンスです。したがって、territoryは「国が『ここからここまでは我々の国のものだ！』と区切った土地」という意味合いで使われています。

terraform（～を地球化する）

terraformは「terra（地球）」と「form（形成する）」が合体して「～を地球化する」という意味になります。「地球化する」とは意味がわかりにくいですね。これは「地球以外の惑星を地球と同じ環境にする」とか「人間が住めるようにする」というニュアンスです。

ここまでの説明で、多くの人が気づいたと思いますが、terraformは、おもにSF（Science Fiction）映画や小説などの中でよく登場する単語です。少し古い映画ですが、『トータル・リコール』の中でも、terraformが使われています。

第3章

接頭辞・接尾辞

「接頭辞」と「接尾辞」の組み合わせから単語の意味を連想する

接頭辞と接尾辞の組み合わせは3パターン

第3章では、接頭辞と接尾辞をテーマに単語を取り上げます。接頭辞と接尾辞とは、基本単語に付け足すことで、元の単語の意味をさまざまに変化させることができる言葉です。

接頭辞や接尾辞が含まれる単語の場合、分解して接頭辞や接尾辞に着目することで意味を連想することができるようになります。

接頭辞と接尾辞のパターンは、以下の3つです。

1. **接頭辞＋基本単語**
2. **基本単語＋接尾辞**
3. **接頭辞＋基本単語＋接尾辞**

語源と同様、接頭辞と接尾辞もたくさんあるため、すべてを覚えようとすると大変な労力がかかってしまいます。

ただ、これも語源と同様ですが、ネイティブが日常生活で使う接頭辞と接尾辞は、じつはかなり限られているのです。

そこで、本書では、私の30年以上の通訳の経験に基づき、接頭辞と接尾辞をそれぞれ13ずつに厳選しました。本書で取り上げている接頭辞と接尾辞をしっかりと使いこなせるようになったら、ご自身で他の接頭辞と接尾辞にも少しずつ手を広げ、語彙を増やしていくことをオススメします。

図 3-1　接頭辞・接尾辞から意味を連想する

接頭辞・接尾辞の３つのパターン

接頭辞	接頭辞 ＋ 基本単語
接尾辞	基本単語 ＋ 接尾辞
接頭辞＋接尾辞	接頭辞 ＋ 基本単語 ＋ 接尾辞

接頭辞の連想

expose

「ex-（外に）」＋「pose（置く）」

「（見えるように）外に置く」

「～をさらす」

接尾辞の連想

selfish

「self（自己）」＋「-ish（～が顕著な）」

「自分の主張が顕著な」

「わがままな」

「内側へ」+「港」で「import(輸入)」

in-／im-は、ラテン語が由来の接頭辞です。意味は、「中に」「内側に」「内部に」などです。in-とim-の使い分けは、語源や文脈によって変わりますので、使い分けを勉強するのではなく、あくまで「基本単語」とセットで単語を覚えるようにしましょう。

inborn(生まれつきの)

inbornは、「in-(内側に付いている)」と「born(生まれる)」が合体して「生まれたときにはすでに内側に付いている」となり、「生まれつきの」という意味になります。

income(収入)

incomeは、「in-(自分の中に)」と「come(入ってくるもの)」が合体して「収入」という意味になります。incomeの対義語は、outcomeですが、意味は「結果」になります。incomeの「収入」に対して「支出」だと勘違いしやすいので気をつけましょう。一般的な支出はoutgoです。

include(〜を含む)

includeは「in-(中に)」と「clude(閉じ込める)」が合体して「〜を含む」という意味になります。対義語は「ex-(外に)」と「clude(閉じ込める)」が合体したexcludeで、意味は「〜を排除する、除外する」です。

insight（洞察力）

insightは「in-（中を）」と「sight（見ること、視野）」が合体して「洞察力」という意味になります。日本語の洞察力という言葉は難しいですが、「物事や人などを注意深く観察して、性質や本質などの奥底にあるものを見抜くこと」という意味です。insightはまさに「中を見ること」なので「洞察力」という言葉がピッタリです。

ちなみにアクセントは接頭辞のinに付いて「**イ**ンサイト」となります。接頭辞・接尾辞には基本アクセントが付きませんが、この単語は例外ですので注意しましょう。

import（輸入）

importは「im-（内側へ）」と「port（港）」が合体して「港の内側へ持ってくること」となり、「輸入」という意味になります。

importは名詞と動詞の両方ありますが、アクセントは名詞が「**イ**ンポート」、動詞が「インポ**ー**ト」と場所が変わります。このような単語を「前名後動」（名詞は前、動詞は後ろにアクセントが付く）と呼びます。

implant（移植）

implantは「im-（内側に）」と「plant（植える）」が合体して「移植」という意味になります。名詞と動詞があり、名詞は「**イ**ンプラント」、動詞は「インプ**ラ**ント」にアクセントを置きます。最近は歯の治療で「インプラント」という言葉が定着しているので聞いたことがある人も多いと思います。もちろん歯だけでなく、骨や皮膚や臓器などにも使われます。また、思想などを「植え付ける」という意味もあります。

「imperfect」は「反対の」+「完全な」

接頭辞のin-／im-には、前項の「中に」「内側に」の他に、「反対の」という意味があります。
「反対の」は、日本語では「否定語（〜でない)」のニュアンスで理解しがちですが、接頭辞のin-／im-の意味は、あくまで「反対の」なので注意しましょう。

inactive（不活発な）

inactiveは「in-（反対の)」と「active（活発な)」が合体して「活発の反対」となり、「不活発な」という意味になります。活火山はactive volcano、休火山はinactive volcanoです。

inappropriate（不適切な）

inappropriateは「in-（反対の)」と「appropriate（適切な)」が合体して「不適切な」という意味になります。「適切な」という言葉は、「ピッタリ」に言い換えると、理解しやすいでしょう。

incapable（能力がない）

incapableは「in-（反対の)」と「capable（能力がある)」が合体して「能力がない」という意味になります。

impossible（不可能な）

impossibleは「im-（反対の）」と「possible（可能な）」が合体して「不可能な」という意味になります。前述のincapableもそうですが、最後が-able（-ible）で終わる単語は「可能な」という意味の形容詞になります（この点については、接尾辞の単語の項目で改めて解説します）。

ちなみに、possibleは「poss（力がある）」と「able（可能な）」が合体して「できる力がある」となり、「可能な」という意味になります。ableは、be able to ～（～することができる）という熟語で使われています。

impolite（失礼な）

impoliteは「im-（反対の）」と「polite（礼儀正しい）」が合体して「失礼な」という意味になります。

似た意味の単語としてrudeがあります。ただ、rudeは「故意に他人を不快にさせるような言動や態度」、impoliteは「礼儀正しい」の反対なので、たんに「礼儀に反する行為」を指す、という違いがあります。

imperfect（不完全な）

imperfectは「im-（反対の）」と「perfect（完全な）」が合体して「不完全な」という意味になります。

in-やim-の接頭辞を外した部分（perfect）を覚えておくと、in-やim-が付いたら「反対の意味になる」ので、改めてimperfectを覚える手間が省けます。

このように、接頭辞・接尾辞の理解度が上がると、語彙力も格段に高まるようになるのです。

前の状態から「外へ離れる」ニュアンスを持つ「ex-」

接頭辞のex-は、ラテン語が由来で「外へ」という意味になります。前述の「中／内側」という意味の接頭辞in-／im-と対照になる言葉です。

また、「外へ」の意味から派生して、前の状態から「外へ」離れるニュアンスから「元～」と表現する単語（ex-employee「元従業員」）などもあります。

export（輸出）

exportは「ex-（外に）」と「port（港）」が合体して「港の外へ出ること」となり、「輸出」という意味になります。対義語は、前に紹介したimport「輸入」です。

exit（出口）

exitは、「ex-（外に）」と「it（行く）」が合体して「出口」という意味になります。

ちなみに、「入口」はentranceです。import、exportとは違って対義語の語幹が変わります。entranceは、「enter（入る）」と「ance（場所）」が合体した単語です。パソコンの「エンターキー（enter key）」は、「入力」が完了するときに押すボタンということです。

なお、exitはおもにアメリカで使われる単語です。イギリスでは、way outという表記を目にすることが多いです。

exile（亡命）

exileは「ex-（外に）」と「ile（さまよう）」が合体して「自分の国の外に行くこと」となり、「亡命」という意味になります。

日本では、「亡命」という意味の英単語というよりも、有名アーティストのグループ名として理解している人のほうが多いかもしれません。

expose（～をさらす）

exposeは「ex-（外に）」と「pose（置く）」が合体して「(見えるように）外に置く」となり、「～をさらす」という意味になります。

語幹のposeは、さまざまな接頭辞とつながります。例えば、後ほど紹介する接頭辞のpro-（前に）と組み合わさると、propose「～を提案する」という意味になります。proposeといえば、日本人には結婚を申し込むことという意味のほうが馴染み深いかもしれません。

excel（秀でる）

excelは、「ex-（外に）」と「cel（そびえる）」が合体して「秀でる」という意味になります。現在では、本来の「秀でる」よりも、表計算ソフトの名前としてのほうが広く認知されていますね。

example（例）

exampleは、「ex-（外に）」と「ample（もの）」が合体して「外に取り出したもの」となり、「例」という意味になります。

「international(国際的な)」は「相互」+「国家」

接頭辞のinter-はラテン語が由来で、「相互の」という意味です。その他に、「～の中に」「～の間に」といった意味もあります。

英語には、2つ以上の単語が合体して1つの意味の単語になる「複合語」があります。inter-は、さまざまな複合語をつくることができる接頭辞なのです。

Internet（インターネット）

Internetは「Inter-（相互の）」と「net（網）」が合体して「インターネット」という意味になります。

network（通信網）が相互に接続されているインターネットを利用すると、世界中のwebサイトを閲覧することができます。

なお、インターネットは1つしか存在しないため、頭文字は必ず大文字になります。人の名前や国の名前も1つしか存在しないため、必ず頭文字を大文字にするのと同じ考え方です。

interchange（～を交換する）

interchangeは「inter-（相互の）」と「change（変える）」が合体して「～を交換する」という意味になります。

高速道路のインターチェンジ（IC）という名称も、乗る車と降りる車が交換する場所という意味で使われています。鉄道でも、別の路線に乗り換えられる駅をinterchange station（乗換駅）と表現します。

interview（面接、インタビュー）

interviewは「inter-（相互の）」と「view（見る）」が合体して「お互いの顔を見る、顔を合わせる」となり、「面接、インタビュー」という意味になります。

日本語でもインタビューという言葉は広く使われていますが、英語のinterviewには「面接」という意味もあることをおさえておきましょう。ビジネスシーンでは、「面接」という意味でよく使われます。

international（国際的な）

internationalは「inter-（相互の）」と「national（国家）」が合体して「国際的な」という意味になります。

海外について詳しいだけでは、internationalとはいえません。なぜなら、「inter-」ではないからです。海外の人に、日本のことについても話せてはじめて、internationalといえるのです。本当のinternationalは、「一方通行」ではなく、「交流」だということです。

interconnect（～を連結する）

interconnectは「inter-（相互の）」と「connect（つながり）」が合体して「～を連結する」という意味になります。

このように、接頭辞のinter-はさまざまな複合語をつくることができます。この他にも、「大陸の」という意味のcontinentalと合わさったintercontinental（大陸間の）、「依存」という意味のdependentと合わさったinterdependent（相互依存の）など、たくさんの単語があります。

「一緒に」+「働くこと」で「cooperation(協力)」

接頭辞の**co-／con-／com-**は、ラテン語が由来です。「一緒に」という意味になります。元々はcon-でしたが、時を経てco-やcom-が派生しました。

この接頭辞が使われた多くの単語がありますが、「一緒に」というニュアンスを頭に入れておくと、頭に残りやすくなります。

例えば、companyは「一緒にパンを食べる仲間」という元々の意味から「みんなで一緒に何か1つの仕事をする」となり、「会社」という意味が生まれています。

cooperation(協力)

cooperationは、「co-(一緒に)」と「operation(働くこと)」が合体して「協力」という意味になります。operation自体も、とても重要な単語です。生協でお馴染みのコープ(co-op)も、この言葉の頭4文字をとった単語です。

ちなみに、接尾辞の-tionは名詞にする働きがあります。

coworker(同僚)

coworkerは「co-(一緒に)」と「worker(働く人)」が合体して「同僚」という意味になります。

同様の意味の単語にcolleagueもあります。こちらも「co-(一緒に)」と「league(選ばれた者)」が合体したものです。coworkerの「同じ職場などで一緒に働く人」というニュアンスに対し、colleagueは「同じ職業や専門分野で働く人」のニュアンスになり、少し使う場面が異なります。

conceal（～を封印する）

concealは「con-（一緒に）」と「ceal（隠す）」が合体して「～を封印する」という意味になります。お化粧品のコンシーラは、このconcealのことです。シミや肌荒れを隠すという意味からこの言葉が使われています。

元々は、手紙を入れた封筒にロウで押し固めて封をしていたことが由来です。これはお手紙と封筒を一緒に入れておくというニュアンスからきています。

conquest（征服）

conquestは「con-（一緒に）」と「quest（探し求める）」が合体して「よい場所を探し求めて自分の国と一緒にする」となり、「征服」という意味になります。questは、RPGのドラゴンクエストの「クエスト」です。「ドラゴンを探し求める」という意味です。

compose（～を組み立てる）

composeは「com-（一緒に）」と「pose（置く）」が合体して「～を組み立てる」という意味になります。派生して、「音を組み立てる」から「曲をつくる」となり、「作曲」という意味でも使われます。

「つついて相手を遠くへ離す」から「守る」になった「defend」

接頭辞の**de-**はラテン語が由来で、「離れる」という意味です。前置詞のfromとofのニュアンスで使われていましたが、次第にofがなくなりました。現代スペイン語でも、deは「離れる」という意味で使われています。

derail（脱線する）

derailは「de-（離れる）」と「rail（軌道）」が合体して「脱線する」という意味になります。日本語でも「レールから外れる」という表現があるように、鉄道に限らず話題が逸れたときにも使うことができます。

deforest（森林を伐採する）

deforestは「de-（離れる）」と「forest（森林）」が合体して「森から木をどんどん離す」となり、「森林を伐採する」という意味になります。

defend（～を守る）

defendは「de-（離れる）」と「fend（打つ、つつく）」が合体して「つついて相手を遠くへ離す」となり、「～を守る」という意味になります。

fendの「打つ、つつく」は、「フェンシング（fencing）」というスポーツの語源です。フェンシングは細い剣でお互いを突くスポーツですね。フェンシングのイメージを持つとdefendのニュアンスが理解しやすくなります。

demerit（欠点）

demeritは「de-（離れる）」と「merit（長所）」が合体して「長所から離れる」となり、「欠点」という意味になります。けっして、「長所の反対」だから欠点というわけではないことに注意しましょう。

detox（解毒、デトックス）

detoxは「de-（離れる）」と「tox（毒）」が合体して「解毒、デトックス」という意味になります。デトックスという言葉は日本語として定着しているものの、じつは、本来の英語の意味は「解毒」です。したがって、体の老廃物を排出するという日本語での使い方とは少し異なります。

tox-で始まる単語はたくさんありますが、大体が「毒」を表す意味だと覚えておくと、知らない単語が出てきても対処しやすくなります。

deactivate（～を無効にする）

deactivateは「de-（離れる）」と「activate（有効にする）」が合体して「有効になっている状態から離れる」となり、「～を無効にする」という意味になります。

decode（～を解読する）

decodeは「de-（離れる）」と「code（暗号）」が合体して「暗号がわからない状態から離れる」となり、「～を解読する」という意味になります。「暗号」の他に、codeには、dress code（ドレスコード、服装の基準）など、「基準」という意味もあります。

「違った方向に」＋「平穏」で「disease（病気）」

接頭辞のdis-は、ラテン語が由来です。意味は、「違った方向に」です。前述の接頭辞のin-と意味が少し似ているので、ニュアンスを理解して、違いをしっかりと整理しましょう。

disconnect（配線などを切る）

disconnectは「dis-（違った方向に）」と「connect（つなぐ）」が合体して「配線などを切る」という意味になります。「違った方向に配線をつなぐ」から、「切る、遮断する」のような意味が生まれています。

discount（〜を値引きする）

discountは「dis-（違った方向に）」と「count（数を数える）」が合体して「売りたい人の値段から違う方向に行ってしまう」となり、「〜を値引きする」という意味になっています。

dislike（〜を嫌う）

dislikeは「dis-（違った方向に）」と「like（好き）」が合体して「〜を嫌う」という意味になります。日本語で考えると、「好き」の反対ということで接頭辞in-の「反対の」のほうがしっくりくるような気がします。「好き」な人や物に対しては、ずっと視線を合わせていられるくらい心地よいとしたら、dislikeは「視線を合わせているのが心地よくない」「視線を背ける」というニュアンスから、「〜を嫌う」となっているのです。

discard（〜を捨てる）

discardは「dis-（違った方向に）」と「card（カード）」が合体して「〜を捨てる」という意味になります。これも、語源を組み合わせただけではイメージしにくいかもしれません。

cardはトランプのカードのことで、「自分のいらないカードをどこかへ追いやる」というニュアンスから「〜を捨てる」という意味になったのです。もちろん、トランプをやっているときだけでなく、不要品や考えなどを「捨てる」意味でも使われます。

disease（病気）

diseaseは「dis-（違った方向に）」と「ease（平穏）」が合体して「病気」という意味になります。easeの形容詞はeasy（易しい、簡単な）です。病気は、平穏な状態から違う方向に体調が向かってしまうことなので、接頭辞のdis-がピッタリ当てはまります。

disappear（消える）

disappearは「dis-（違った方向に）」と「appear（現れる）」が合体して「消える」という意味になります。「現れる」の反対で「消える」のではなく、「視野から外れたところに現れる」というニュアンスです。

日本語の「消える」という言葉は、「存在自体がなくなってしまう」というニュアンスが強いですが、disappearは、「人や物などの対象物は存在しているけど、どこか目が届かないところにある」というニュアンスです。

「薬をもらう前に書いてもらう書類」で「処方箋」

接頭辞のpre-やpro-はラテン語が由来で、「前に／先に」という意味です。時間的な「前に」と、位置的な「先に」という2つのニュアンスがあります。

present（プレゼント、現在）

presentは、「pre-（目の前に）」と「sent（ある［存在する］状態）」が合体して「プレゼント」や「現在」という意味になります。時間軸で考えると、「目の前に今存在するとき」は現在のことです。プレゼントは「目の前に物がある状態」というニュアンスです。

その他に、presentは、「出席している」という意味の形容詞としても使われます。「目の前に存在している状態」なので、出席していることを示すわけです。ちなみに、対義語はabsent（欠席している）です。

presentに接尾辞の-tionを付けると、presentationになります。これは日本語の「プレゼンテーション（プレゼン）」です。「人の目の前にいる状態」から「人前で示すこと」となり、プレゼンテーションを意味するようになりました。

prescription（処方箋）

prescriptionは「pre-（前に）」と「scription（書類）」が合体して「薬をもらう前に書いてもらう書類」となり、「処方箋」という意味になります。

precondition（前提条件）

preconditionは「pre-（前の）」と「condition（条件）」が合体して「前提条件」という意味になります。

日本語では、「体調、状態、状況」などの意味で「コンディション」という言葉が使われていますが、英語のconditionの意味は「条件」です。

ビジネスの場面では、preconditionは頻出の単語です。

protect（～を保護する）

protectは「pro-（前の）」と「tect（覆う）」が合体して「～を保護する」という意味になります。これは「前もって覆っておく」というニュアンスです。

tectはゲルマン語の「覆う」に由来しています。接尾辞-tionを付けるとprotectionになり「保護」という意味の名詞になります。

provide（～を供給する）

provideは「pro-（前の）」と「vide（見る）」が合体して「～を供給する」という意味になります。videはラテン語の「見る」が由来です。

供給するためには、どれくらい必要なのかわからないので、「前もって状況を見る」必要があります。そして、「前もって必要な分を把握」したうえで、必要量に応じて「供給する」ということです。

provideと似た意味の単語に、supply（供給する）があります。supplyは、「足りないものを補充する」というニュアンスなので、同じ「～を供給する」という意味でも、使い分けが必要です。

「下の」+「道」で「subway(地下鉄)」

接頭辞のsub-は、ラテン語が由来で、「下の／次の」という意味です。物理的な上下関係の「下の」という意味だけでなく、意識や概念、階級などが「下の」という意味もあります。

subway（地下鉄）

subwayは「sub-（下の）」と「way（道）」が合体して「地面の下を通っている道」となり、「地下鉄」という意味になります。

sub-と似た接頭辞にunder-があります。under-を使った単語としては、underground（地下）、underpass（地下道）などがあります。

suburb（郊外）

suburbは「sub-（次の）」と「urb（街）」が合体して「街に次ぐ規模の地域」「街の外側」というニュアンスから「郊外」という意味になります。「住宅地」という意味合いで使われることもあります。

語幹のurbは、ラテン語の「街（urban）」のことです。日本でも、マンションの名前の一部に「アーバン」という言葉が使われていることがあります。

subculture（下位文化）

subcultureは、「sub-（下の）」と「culture（文化）」が合体して「下

位文化」という意味になります。

日本語としても、「サブカルチャー（サブカル）」という言葉が広く使われていますが、英語のsubcultureとはニュアンスが少し異なります。

英語のsubcultureの意味である「下位文化」の「下位」とは「庶民」のことです。要は、貴族階級ではない庶民の間で広がった文化ということなのです。けっして、程度が低いというニュアンスではないことに注意しましょう。音楽のラップは、サブカルチャーから生まれ、現代音楽に欠かせないジャンルになっています。

subtitle（字幕）

subtitleは「sub-（下の）」と「title（題名）」が合体して「字幕」という意味になります。「副題」という意味でも使われます。日本語でも、「副題」という意味でサブタイトルという言葉が定着しています。

titleは、「文字が出ていること」というのが元々の意味なので、「画面の下に文字が出ていること」となり、「字幕」の意味になっています。

submarine（潜水艦）

submarineは「sub-（下の）」と「marine（海の）」が合体して「潜水艦」という意味になります。言葉の組み合わせはsubwayと似ています。

mar-は、ラテン語で「海」を表します。日本語でも、「マリンスポーツ」という言葉が定着しています。

ちなみに、mar-から派生したmer-の後ろにmaid（女性）という言葉を付けると、mermaid（マーメイド、人魚）という意味になります。

「超えている」＋「料金」で「surcharge（追加料金）」

接頭辞の**sur-**は、フランス語から英語に取り入れられた言葉で、「超えている」という意味です。sur-が付いた単語はたくさんあるため、ここでは重要単語を中心に取り上げます。

surface（表面）

surfaceは「sur-（超えている）」と「face（顔）」が合体して「表面」という意味になります。なぜ、「顔を超えている」が「表面」になるのかというと、これは人で一番はじめに見るものは「顔」だからです。その顔などを「すべて超えて一番上にあるもの」が表面というニュアンスです。

物理的な物に対しては「表面」、人や考え方に対しては「概観」や「見かけ」という意味になります。

surplus（黒字）

surplusは「sur-（超えている）」と「plus（加えた）」が合体して「黒字」という意味になります。収入から支出を引いて「プラスマイナスゼロからお金が加わった状態で超えている」のが黒字ですね。

surname（苗字）

surnameは「sur-（超えている）」と「name（名前）」が合体して「苗字」という意味になります。全部のものを超えて一番頭にくる文字であり、共通の文字が苗字になります。last nameと表すこともできます。一方、苗字に対して「名前」の部分はfirst nameやgiven nameと言います。given nameは両親から与えられた名前なのでgivenが使われています。

surcharge（追加料金）

surchargeは「sur-（超えている）」と「charge（料金）」が合体して「追加料金」という意味になります。これも言葉そのままのニュアンスです。「一定の定価を超えて請求されるもの」の意味です。

飛行機に乗ると燃油サーチャージという名目で運賃に料金が上乗せされていますが、まさに追加料金ですね。

surpass（優れている、超えている）

surpassは「sur-（超えている）」と「pass（通過する）」が合体して「優れている、超えている」という意味になります。「あらゆるものを通過して上にいってしまっている状態」のニュアンスです。意味的には接頭辞ex-で紹介したexcel（秀でる）と似ています。

surveil（～を見張る）

surveilは「sur-（超えている）」と「veil（注意深く見る）」が合体して「～を見張る」という意味になります。ここでのsur-は「超えている」より「上から」の意味合いが強いです。そのため、「上から注意深く見る」というニュアンスで「～を見張る」の意味になっています。

あまり聞き慣れない単語かもしれませんが、これからのデジタル社会は国家間、企業間での監視システムが強化されると思われるので目にする機会は増えると思います。

「uniform(制服)」は「1つの」+「形」

ここからは、数字関連の接頭辞です。まず、接頭辞の**uni-**は、ラテン語の「1つの」という意味です。元々はunoでしたが、語形が変化してuni-になりました。unoは、カードゲームの「ウノ」のことです。

unique(独特な)

uniqueは、「uni-(1つの)」と「que(こと)」が合体して「1つしかないもの」となり、「独特な」という意味になります。語幹のqueは、whatと同じ役割で、「何」や「こと/もの」という意味になります。

unite(~を結合する)

uniteは「uni-(1つの)」と「te(~にする)」が合体して「~を結合する」という意味になります。uniteを過去分詞化したunitedは、United States of America(アメリカ合衆国)で使われています。「いくつもの州が1つに結合した国」という意味になります。

union(連合)

unionは「uni-(1つの)」と「ion(~であること)」が合体して「1つになっているもの」となり、「連合」という意味になります。ニュアンスはuniteと似ていますが、uniteは動詞、unionは名詞という違いがあります。

unit（単位、ユニット）

unitは、「uni-（1つの）」と「it（単位）」が合体して「単位、ユニット」という意味になります。itの部分は諸説ありますが、digit（単位）が語形変化してできています。日本語でも、浴槽とトイレがワンセットになったお風呂を指す言葉として「ユニットバス」という言葉が定着しています。

unicorn（ユニコーン、一角獣）

unicornは「uni-（1つの）」と「corn（角）」が合体して「ユニコーン（一角獣）」という伝説上の動物という意味になります。ちなみに、coneは「円錐」の意味です。角は円錐状ですし、工事現場などで見かける赤いコーンも円錐状ですね。

uniform（～を制服）

uniformは「uni-（1つの）」と「form（形）」が合体して「みんなで1つの形をした服を着ること」となり、「制服」という意味になります。

unify（～を統合する）

unifyは「uni-（1つの）」と「fy（～にする）」が合体して「～を統合する」という意味になります。uniteと非常に似ていますが、uniteは「一体化して別のものになる」ことに対し、unifyは「くっついているけど本来はバラバラ」というニュアンスです。アメリカはuniteで、ASEAN（アセアン）は各国が独立していますが、統合して1つの組織になっているのでunifyです。

「2つの」+「車輪」で「bicycle(自転車)」

接頭辞のbi-は、ラテン語で「2つの」という意味です。「2つの」というニュアンスが含まれる単語の多くに、この接頭辞が使われています。

bicycle(自転車)

bicycleは「bi-(2つの)」と「cycle(車輪)」が合体して「自転車」という意味になります。二輪車とも言うように、車輪が2つあります。「バイク(bike)」という言葉は、bicycleが短縮して変化したので、bikeにも自転車という意味があります。日本語ではエンジンが付いた二輪車をバイクと言いますが、英語では、motorcycleやmotorbikeと表現します。

binoculars(双眼鏡)

binocularsは「bi-(2つの)」と「ocul(眼)」「ar(〜のようなもの)」が合体して「2つの眼があるようなもの」となり、「双眼鏡」という意味になります。

binocularsは、のぞき穴が2つあるので、通常は複数形で表記します。メガネもレンズが2つあるのでglassesと複数形で表記するのと同じです。

ちなみに、単眼鏡はmonocleと表記します。前述の接頭辞のuni-ではなく、mono-を使います。

どちらも同じ意味の接頭辞ですが、mono-はギリシャ語由来の言葉です。モノトーン(monotone)なども同様です。

bilingual（2カ国語の）

bilingualは「bi-（2つの）」と「lingu（言語）」「al（～の）」が合体して「2カ国語の」という意味の形容詞になります。「2カ国語を話せる」というニュアンスにもなります。

bifurcation（ふたまたの分岐点）

bifurcationは「bi-（2つの）」と「furcation（分岐したもの）」が合体して「ふたまたの分岐点」という意味になります。学問の世界ではよく使われる表現ですが、日常会話ではそれほど多く使われません。ただ、分かれ道や選択の瞬間を表すニュアンスも持っていることから、どちらかを選択しなければいけない状況のときにもよく使われます。例えば、「我々は今分岐点にいる。」は、We are on a bifurcation.となります。

bisexual（両性の）

bisexualは「bi-（2つの）」と「sexual（性の）」が合体して「両性の」という意味になります。

近年、メディアでも取り上げられることが多くなっているLGBTという言葉は、性的マイノリティーの人を表す総称です。

LはLesbian（レズビアン・女性同性愛者）、GはGay（ゲイ・男性同性愛者）、BはBisexual（バイセクシャル・両性愛者）、TはTransgender（トランスジェンダー・心と体の性別が異なる人）です。

さらに、最近ではQのQuestioning（クエスチョニング・性を定めていない人）を含めてLGBTQと表現したり、さらにプラスしてLGBTQ+やLGBTsなどとも表現されたりしています。

「3つの角度を持つ図形」で「三角形」

接頭辞の**tri-**は、ラテン語で「3つの」という意味です。trioという単語が接頭辞として変化しています。日本語でも、3人組のお笑いグループやバンドの呼び名として「トリオ」という言葉が定着しています。trioは、英語のthreeの語源にもなっています。

tricycle（三輪車）

tricycleは「tri-（3つの）」と「cycle（車輪）」が合体して「三輪車」という意味になります。前述のbicycleに車輪が1つ追加されたものです。

では「一輪車」はどう表現するかと言うと、接頭辞のuni-を使ってunicycleです。mono-を使って、monocycleとも表現できます。

trilingual（3カ国語の）

trilingualは「tri-（3つの）」と「lingu（言語）」「al（〜の）」が合体して「3カ国語の」という意味の形容詞になります。

また、「3カ国語を話せる」というニュアンスもあります。元々は、trilingual speaker（3カ国語を話せる人）と表現していましたが、trilingualのみで表現するようになりました。

triangle（三角形）

triangleは「tri-（3つの）」と「angle（角度）」が合体して「3つの角

度を持つ図形」となり、「三角形」という意味になります。

四角形はsquare、五角形からは接尾辞の-gon（角）を使います。五角形はpentagon、六角形はhexagon、七角形はheptagonです。

アメリカの国防総省の本庁舎は、五角形の形をしていることからThe Pentagonと呼ばれています。

tripod（三脚）

tripodは「tri-（3つの）」と「pod（脚）」が合体して「三脚」という意味になります。ちなみに、二脚はbipod、四脚はquadripodです。

海外の「No Tripod」と書かれた看板は、「三脚の使用禁止」という意味です。三脚を使って記念撮影しないように注意しましょう。

triple（3倍の）

tripleは、「tri-（3つの）」と「ple（倍）」が合体して「3倍の」という意味になります。2倍はdoubleです。同じ-pleという接尾辞が使われています。

ちなみに、接頭辞がmulti-になると、multiple（複合的な、多様な）という単語になります。

tricolor（トリコロール、3色の）

tricolorは、「tri-（3つの）」と「color（色）」が合体して「トリコロール」「3色の」という意味になります。

「三色旗の国」という意味で、「フランスの」という意味としても使われます。日本語では「トリコロール」と表記しますが、英語の発音は「トライカラー」なので注意しましょう。

「eatable（食べられる）」は「食べる」＋「可能な」

ここからは単語の最後に付く接尾辞を紹介します。

まずは、接尾辞の**-able**／**-ible**です。ラテン語で「可能な」という意味です。be able toのableです。「〜することができる」というニュアンスを持っています。-ibleも同じ意味で使われます。単語によって使い分けられているのではなく、発音上-ibleに変化しただけです。また、-ableで終わる単語は一般的に形容詞になります。

eatable（食べられる）

eatableは「eat（食べる）」と「-able（可能な）」が合体して「食べられる」という意味になります。

接尾辞は「造語」をいくらでもつくれるのが特徴です。実際、ネイティブはいろいろな場面で造語を交えて会話しています。日本語でも、名詞に「〜る」を付けて動詞にしたり（拒否る）、頭に「鬼」を付けて強調したり（鬼うまい！—外国人が聞いたらビックリします—）、さまざまな言葉がつくられているのと同じようなものだと考えるとわかりやすいでしょう。

capable（能力がある）

capableは「cap（つかむ）」と「-able（可能な）」が合体して「能力がある」という意味の形容詞になります。capはcaptureの頭文字です。「捕まえることができる」というニュアンスから「捕まえる能力がある」となり、さらに縮まって「能力がある」という意味になっています。

burnable（燃やすことができる）

burnableは「burn（燃える）」と「-able（可能な）」が合体して「燃やすことができる」という意味になります。対義語の「燃えない」はunburnableやnon-burnableと表記します。よく使われる単語です。

visible（目に見える）

visibleは「vis（見る）」と「-ible（可能な）」が合体して「目に見える」という意味になります。visはvision（見えること、視覚）の頭文字です。ちなみに、透明人間はinvisible manです。

accessible（親しみやすい）

accessibleは「access（近づく）」と「-ible（可能な）」が合体して「親しみやすい」という意味になります。日本語では、「目的地までの来場方法や道順」という意味で「アクセス」という言葉を使っていますが、英語のaccessの意味は「近づくこと、入ること、入場すること、面会すること」です。

incredible（信じられない）

incredibleは「in-（反対の）」と「cred（信用）」「-ible（可能な）」が合体して「信じられない」という意味になります。credはcredit（信用）からきています。クレジットカードのcreditです。信用に応じて一定額を立て替えてもらえるカードということです。

「塊の」＋「〜する性質がある」で「巨大な」

接尾辞の **-ive** は、ラテン語の -ivus が由来です。元々は、形容詞や名詞に付いて動作や状態を示す言葉にする役割でしたが、英語に取り入れられた際に「〜する傾向がある／〜する性質がある」という意味として使われるようになりました。一般的に、-iveで終わる単語は形容詞として働きます。

active（活動的な）

active は「act（活動する）」と「-ive（〜する性質にある）」が合体して「活動的な」という意味になります。

日本語の「〜的な」という表現は抽象的なうえに、どんな言葉にも付けられているので外国人に説明するのはなかなか難しいのですが、接尾辞 -ive の「〜する傾向のある／〜する性質がある」というニュアンスに近い言葉ととらえると理解しやすいかもしれません。

massive（巨大な）

massive は「mass（塊の）」と「-ive（〜する性質がある）」が合体して「巨大な」という意味になります。massは、日本語の「マスメディア(mass media)」という言葉からもわかる通り、「たくさんの人や物が集まっている」という意味です。そこに -iveが付いて「性質」を表しています。

effective（効果的な）

effectiveは「effect（効果）」と「-ive（〜する傾向がある）」が合体して「効果的な」という意味になります。対義語は接頭辞のin-が付いたineffectiveです。

sportive（スポーツ好きな）

sportiveは「sport（スポーツ）」と「-ive（〜する傾向がある）」が合体して「スポーツ好きな」という意味になります。

sportiveに似た言葉として、接尾辞の-tyが付いたsportyもあります。「スポーツするのに適した」という意味になりますが、「服装などが派手な」という少しネガティブなニュアンスとして使われる場合もあります。

productive（生産能力が高い）

productiveは「product（製品）」と「-ive（〜する傾向がある）」が合体して「生産能力が高い」という意味になります。

product（製品）と「-ive」の組み合わせから「生産能力が高い」という意味にはつながりにくいかもしれませんが、productを動詞にしたproduceは「〜を製造する、生産する、つくる、生み出す」という意味なので、productiveの意味がつかみやすくなると思います。

ちなみに、produceは接頭辞の「pro-（前に）」と「duce（導き出す）」が合体してできた単語です。

名詞の語尾に付いて形容詞になる「-al」

接尾辞の**-al**はラテン語の-alisが由来です。名詞の最後に付けられて形容詞となり「〜の」や「〜な」という意味になります。-alは、非常に多くの言葉で使われています。

accidental（偶然の）

accidentalは「accident（偶然）」と「-al（〜の）」が合体して「偶然の」という意味になります。accidentは、「偶然」の他に日本語の「アクシデント」と同じく「事故」という意味もあります。ただ、accidentalの意味は、「偶然の」だけです。

national（国家の）

nationalは「nation（国家）」と「-al（〜の）」が合体して「国家の」という意味になります。nationと同じ意味の単語として、countryがあります。nationは歴史的や民族的な視点での「国家」、countryは領土や地理的な視点での「国家」というように、ニュアンスに少し違いがあります。

actual（実際の）

actualは、「actu（行動、行為）」と「-al（〜の）」が合体して「想像上や未来のことでなく、今現在、実際に存在する」となり、「実際の」という意味になります。

emotional（感情の）

emotionalは、「emotion（感情）」と「-al（〜の）」が合体して「感情の」という意味になります。emotionは、「e-（外へ）」と「motion（動き）」が合体した単語です。動きと言っても、「感情を揺さぶり出す」というニュアンスがあります。

final（最後の）

finalは「fin（終わり）」と「-al（〜の）」が合体して「最後の」という意味になります。finはラテン語のfinīreが由来です。finalの対義語はinitial（最初の）になります。ファイナルもイニシャルも、日本語として定着しています。

general（一般的な）

generalは「gener（全体）」と「-al（〜な）」が合体して「一般的な」という意味になります。語源が抽象的であるため、「全体的な」「普通の」「多くの人に共通する」など、さまざまな訳を付けることができます。

また、前置詞のinを付けてin general（一般に、大抵の）という表現もよく使われます。

eventual（最終的な）

eventualは、「eventu（重要な事件、成り行き）」と「-al（〜な）」が合体して「いつかは（結果として）生じる」となり、「最終的な」という意味になります。eventuはeventのことです。

「careful（注意深い）」は「注意」＋「～でいっぱいの」

接尾辞の**-ful**は、古ゲルマン語の-fullが由来です。fullという英単語としても使われていて「～でいっぱいの」という意味になります。現代英語では、つづりにlという文字が2つもあるのはくどいという理由から、-fulになりました。接尾辞-fulが付くと、形容詞になることが多いです。また、プラスのイメージを持つ単語が多いのも特徴です。逆に、「～が足らない」というニュアンスの接尾辞は-lessになります（-lessについては、改めて解説します）。

beautiful（美しい）

beautifulは「beauty（美しさ）」と「-ful（～でいっぱいの）」が合体して「美しさでいっぱいの状態」となり、「美しい」という意味になります。

careful（注意深い）

carefulは「care（注意）」と「-ful（～でいっぱいの）」が合体して「注意する意識をいろいろな方向に向けている」となり、「注意深い」という意味になります。

powerful（力強い）

powerfulは「power（力）」と「-ful（～でいっぱいの）」が合体して「力がみなぎっていっぱいの状態」となり、「力強い」という意味になります。日本語の「パワフルな」という表現と意味は同じです。

joyful（楽しそうな）

joyfulは「joy（楽しさ）」と「-ful（～でいっぱいの）」が合体して「楽しそうな」という意味になります。happyよりも、少し硬い表現です。

helpful（助けになる）

helpfulは「help（助け）」と「-ful（～でいっぱいの）」が合体して「助けになる」という意味になります。後ろに前置詞を付けてIt is helpful for [人] to ～（[人]にとって～することは助けになる）の形で使うのが一般的です。

hopeful（希望がある）

hopefulは「hope（希望）」と「-ful（～でいっぱいの）」が合体して「希望でいっぱいの状態」となり、「希望がある」という意味になります。

be hopefulの後ろにthat節やof ～ingを付けて「希望の内容」を表現することもあります。

forgetful（忘れっぽい）

forgetfulは、「forget（忘れる）」と「-ful（～でいっぱい）」が合体して「忘れることがいっぱい」から「忘れることが多い」となり、「忘れっぽい」という意味になります。

この項目で紹介した単語はどれも語幹が名詞でしたが、forgetfulのように語幹が動詞のものもあります。

「芸術家」＋「～的な」で「artistic（芸術的な）」

接尾辞の **-ic** は、ラテン語の -icus が由来です。「～的な、～が性質の」という意味になります。接尾辞 -ic が付くと、多くの単語は形容詞になります。

artistic（芸術的な）

artistic は「artist（芸術家）」と「-ic（～的な）」が合体して「芸術家的な」となり、「芸術的な」という意味になります。

symbolic（象徴的な）

symbolic は「symbol（象徴）」と「-ic（～的な）」が合体して「象徴的な」という意味になります。symbol は、「sym-（一緒に）」と「-bol（投げる）」が合体して「一緒に投げる」から「みんなで1つの方法や対象を確認する」となり、「象徴」という意味になります。

periodic（定期的な）

periodic は「period（期間）」と「-ic（～的な）」が合体して「定期的な」という意味になります。period の語源は「ひと回りの道」を表し、何かがグルグル回っているというニュアンスから、「期間」「時期」「時代」などの意味が派生しています。英語では、文末の終止符を period と呼びます。ちなみに period は「**ピ**リッド」のように o はほとんど発音しません。一方、periodic は「ピリ**オ**ディック」とアクセントの位置が変わります。

metallic（金属の）

metallicは「metal（金属）」と「-ic（〜が性質の）」が合体して「金属の」という意味になります。「金属の」の他に、「金属のような色や音の」という意味もあります。日本語でも、キラキラした色味を「メタリックカラー」、金属的な激しい音楽のジャンルを「メタル」や「ヘビーメタル（ヘビメタ）」と呼んだりしています。

ironic（皮肉な）

ironicは、「irony（皮肉）」と「-ic（〜的な）」が合体して「皮肉な」という意味になります。元々、ironyは「偽りの、無知を装った」が語源で、「心に思うことと違ったことを言う」意味として使われています。

economic（経済の）

economicは「economy（経済）」と「-ic（〜的な）」が合体して「経済の」という意味になります。economyは「eco-（家）」と「nomy（管理）」が合体して「家のお金を管理すること」となり、「経済」という意味に派生しています。

titanic（巨大な）

titanicは「titan（巨人）」と「-ic（〜的な）」が合体して「巨大な」という意味になります。titanはギリシャ神話に登場したり、土星の衛星の名前でもあります。1912年に沈没したイギリスの豪華客船の名前も「タイタニック号」だったように、titanは大きなものの象徴として使われます。

語尾に付くと学術的な単語に変わる「-ical」

接尾辞の**-ical**は、前項の-icと同じ語源を持ちます。そのため、意味も似ていますが、-icalのほうは学問分野でよく使われます。接尾辞-icalが付くと、多くの単語は形容詞になります。

historical（歴史に基づく）

historicalは「history（歴史）」と「-ical（～に関する）」が合体して「歴史に基づく」という意味になります。historicalの他に、接尾辞の-icが付いたhistoricという単語もあります。ただ、historicは「歴史的（に有名）な」といったニュアンスなので、historicalのほうがよく使われます。

economical（経済的な）

economicalは「economy（経済）」と「-ical（～に関わる）」が合体して「経済的な」という意味になります。節約や効率など「費用」にフォーカスしています。対して、前述の「経済（上）の」という意味のeconomicは、社会の活動によって生じる「経済」そのものにフォーカスされています。混同して使われていることも少なくありませんが、微妙なニュアンスの違いを知っておきましょう。

electrical（電気に関する）

electricalは「electric（電気の）」と「-ical（～に関する）」が合体

して「電気に関する」という意味になります。こちらもelectricとelectricalという、とても似た単語が存在します。electricは「電気そのもの」、electricalは**「電気を使った装置や設備に関するもの」**を表します。

ディズニーランドの「エレクトリカルパレード（Electrical Parade）」では、キラキラと電飾が輝く乗り物にミッキーたちが乗ってパレードをしています。もし、これが「エレクトリックパレード（Electric Parade）」という名前だったら、ピカチュウのようにミッキーたちが電気や稲妻を出しながらパレードするという、とても危険なパレードになってしまいます。

paradoxical（逆説的な）

paradoxicalは「paradox（逆接）」と「-ical（〜に関する）」が合体して「逆説的な」という意味になります。paradoxは「para-（〜と反対の）」と「-dox（意見、定説）」が合体して「矛盾するような意見」、つまり「逆説」という意味が生まれました。

biological（生物学上の）

biologicalは、「biology（生物）」と「-ical（〜に関する）」が合体して「生物学上の」という意味になります。「生物学上の母親」、つまり血がつながっている「産みの母親」をbiological motherと言います。

ecological（生態学上の）

ecologicalは、「ecology（生態学）」と「-ical（〜上の）」が合体して「生態学上の」という意味になります。ecologyは「自然環境」の意味でも使われており、日本語でも環境に優しいことを「エコ（エコロジー）」と呼びます。ただ、ecologyの本来の意味は「生態学」です。

「〜すること」という意味に変わる「-ment」

接尾辞の**-ment**は、ラテン語が由来です。語幹になる単語の「動作、結果」を表します。接尾辞-mentが付くと、名詞になります。また、-mentは「〜すること」という言葉でも表現できるのが特徴です。

argument(議論)

argumentは「argue(議論する)」と「-ment(動作)」が合体して「議論」という意味になります。「議論すること」と表現してもよいでしょう。argueは、ラテン語のargutari(明らかにする)という単語が由来です。

似た意味の単語にdiscussがあります。argueのほうが強い言葉で、相手の意見に耳を傾けず、一方的に主張するというニュアンスがあります。

astonishment(驚き)

astonishmentは「astonish(驚かす)」と「-ment(動作)」が合体して「驚き」という意味になります。「驚くこと」と表現してもよいでしょう。

astonishは「as-(強調)」と「ton(雷が鳴る)」「-ish(〜する)」が合体して「大きな雷鳴がとどろく」となり、「驚かす」の意味になりました。「驚かす」を表す単語にsurpriseがありますが、astonishのほうが「驚嘆させる」というニュアンスが含まれる強い表現です。

development(発展)

developmentは「develop（発展する）」と「-ment（動作）」が合体して「発展」という意味になります。「発展すること」と表現してもよいでしょう。developはラテン語が由来で、元々は「写真を現像する過程」を表していました。それが「ネガから現像することで写真がハッキリ見えるようになる」「段々と明らかになる」となり、「発展する」になったのです。

amusement（楽しみ）

amusementは「amuse（楽しませる）」と「-ment（動作）」が合体して「楽しみ」という意味になります。「楽しむこと」と表現してもよいでしょう。他に「楽しみ」という意味の単語としてentertainがあります。amuseは「娯楽」のニュアンスが強く、退屈を紛らわすようなもの全般を指し、entertainは「台本や仕掛けが用意されたもの」を楽しむという違いがあります。

contentment（満足）

contentmentは「content（満足する）」と「-ment（動作）」が合体して「満足」という意味になります。「満足すること」と表現してもよいでしょう。contentは「中身」という意味で覚えがちですが、「満足する」という意味でもよく使われます。contentmentのほうは「満足」の意味しかありません。

disappointment（落胆）

disappointmentは、「disappoint（がっかりさせる）」と「-ment（動作）」が合体して「落胆」という意味になります。「落胆すること」と表現してもよいでしょう。disappointの対義語は、satisfy（満足させる）です。

「名声」+「〜が豊富な」で「famous(有名な)」

接尾辞の**-ous**はラテン語が由来で、「〜が豊富な」「〜がある」という意味です。-ousが付くと、多くの単語が形容詞になります。

anxious(心配している)

anxiousは「anxi(心配)」と「-ous(〜が豊富な)」が合体して「心配な気持ちでいっぱい」となり、「心配している」という意味になります。「心配する」という意味で有名な単語としてworryがあります。anxiousは「先行きが不透明な漠然とした心配」というように「感情」に焦点が当たり、worryは「直面している問題や状況を心配する」というように「出来事」に焦点が当たっている、という違いがあります。

advantageous(有利な)

advantageousは「advantage(有利)」と「-ous(〜豊富な)」が合体して「有利なことがたくさんある」となり、「有利な」という意味になります。

dangerous(危険な)

dangerousは「danger(危険)」と「-ous(〜が豊富な)」が合体して「危険なことがいっぱい」となり、「危険な」という意味になります。「危険」という意味の単語として、他にriskやhazardがあります。risk

は「自ら背負い込んだ危険」、hazardは「人間の力ではどうすることもできない避けられない危険」です。hazardは、日本語でもハザードランプやハザードマップなど多くの言葉に使われています。

一方、dangerは広く一般的な「危険」というニュアンスで使われます。

famous（有名な）

famousは「fame（名声）」と「-ous（〜が豊富な）」が合体して「名声がたくさんある」となり、「有名な」という意味になります。

fameの語源はラテン語で、「噂、評判」という意味です。そこから「噂されるくらい評判な」というニュアンスが生まれています。

luminous（光り輝く）

luminousは「lumin（光）」と「-ous（〜が豊富な）」が合体して「光沢がたくさんある」となり、「光り輝く」という意味になります。

語源部分はラテン語が由来で、光に関する単語に多く使われています。lux（ルクス）やlumen（ルーメン）は光の明るさを示す単位として使われていますし、Lucy（ルーシー）という女の子の名前は「光り輝く子」という意味になります。illustration（挿絵）も「文章をわかりやすくする」「文章を照らす」という語源からきています。

infectious（感染性の）

infectiousは、「infect（感染する）」と「-ous（〜が豊富な）」が合体して「感染性の」という意味になります。infectの語源はラテン語で「体内で増殖すること」という意味です。そこから「感染性の」という意味が派生しました。

「ownership（所有権）」は「所有者」＋「権利」

接尾辞の-shipは「権利／力／関係性」を表す言葉です。そのため、力や権力の「ある」「なし」が存在することが前提になります。接尾辞-shipが付く単語は、基本的に名詞になります。

citizenship（市民権）

citizenshipは「citizen（市民）」と「-ship（権利）」が合体して「その国の国籍を持っている国民、市民としての権利」となり、「市民権」という意味になります。

citizenはcityから派生している単語です。citizenの対義語はalien（外国人）になります。

ownership（所有権）

ownershipは「owner（所有者）」と「-ship（権利）」が合体して「所有権」という意味になります。ownerは、「own（所有する）」と「er（〜する人）」が合体して「所有者」という意味になっています。

membership（会員）

membershipは「member（会員）」と「-ship（権利）」が合体して「会員」という意味になります。memberだけでも「会員」を意味しますが、ニュアンスが少し異なります。memberは、たんにグループやサークルの一員というニュアンスですが、membershipのほうは会費などを払って「会員になる権利を持っている人」というニュアンスです。

要は、「権利を持っているか、いないか」を明確に区別するのがmembershipになります。

leadership（指導力）

leadershipは「leader（指導者）」と「-ship（力）」が合体して「指導力」という意味になります。

日本人は、leaderとleadershipを同じような意味の言葉としてとらえがちですが、leaderは、指導する「人」に焦点が当たっており、leadershipのほうは-shipが付いていることからもわかる通り、「力」や「スキル／能力」の部分に焦点が当たっている、という違いがあります。

fellowship（仲間意識）

fellowshipは「fellow（仲間）」と「-ship（関係性）」が合体して「仲間意識」という意味になります。「力関係（関係性）は、全員平等（仲間）」というニュアンスが含まれています。

partnership（提携）

partnershipは「partner（仲間）」と「-ship（関係性）」が合体して「提携」という意味になります。

partnerはfellowと同じ「仲間」の意味ではあるものの、partnerのほうは「仕事上の仲間」です。「お互いが部分（part）を受け持つ、同じ関係性を持っている仲間」というニュアンスから、「提携」という意味が生まれました。

語尾に付けて、造語をつくることもできる「-ish」

接尾辞の -ish は「〜が顕著な／〜っぽい」などの意味を表す言葉です。-ish が付く単語は、基本的に形容詞になります。

さまざまな単語に付けられるうえに、apple-ish（リンゴっぽい味）など、名詞に付けて造語をつくることもできます。そのため、意味も、単語ごとに柔軟に変化させる必要があります。

selfish（わがままな）

selfish は、「self（自己）」と「-ish（〜が顕著な）」が合体して「自分の主張が顕著な」となり、「わがままな」という意味になります。

bookish（読書好きの）

bookish は「book（本）」と「-ish（〜が顕著な）」が合体して「読書をすることが顕著な」となり、「読書好きの」という意味になります。

bookish は単語帳に載っていることはほとんどありませんが、日常会話では、たまに耳にします。

snobbish（高飛車な）

snobbish は「snob（俗物）」と「-ish（〜が顕著な）」が合体して「高飛車な」という意味になります。snob のニュアンスの理解が少し難しいですが、「地位やお金が一番で、自分より上のステータスの人にはペコペコして、下のステータスの人には見下す態度を取る人」のことを指します。snobの性格が顕著な人のことを特にsnobbishと言います。

boyish（男の子っぽい）

boyishは「boy（男の子）」と「-ish（〜っぽい）」が合体して「男の子っぽい」という意味になります。日本語でも「ボーイッシュな服装」などと表現したりします。同様に、girlishは「女の子っぽい」という意味です。

childish（子供っぽい）

childishは「child（子供）」と「-ish（〜っぽい）」が合体して「子供っぽい」という意味になります。boyishと考え方は同じです。

childishという言葉には、大人に対して使うと少し皮肉っぽいニュアンスが含まれるので、注意が必要です。大人に対して、皮肉を込めず、純粋に「子供のような」と言いたいときには、childlikeを使いましょう。

発音は「チャイルディッシュ」ですが、イギリスでは「チルディッシュ」と発音されることがあります。

feverish（熱っぽい）

feverishは、「fever（熱）」と「-ish（〜っぽい）」が合体して「あからさまに熱は出てないが、少し体がほてる」となり、「熱っぽい」という意味になります。

feverは、「熱」の他に「激しい興奮」や「熱狂」という意味もあります。そのため、feverishを「興奮するような」という意味で使うこともあります。日本語でも、「フィーバータイム」などという表現がありますが、これはfeverの「激しい興奮」や「熱狂」のほうの意味から生まれた言葉です。

「-less」は「少ない」ではなく「〜がない」

接尾辞の-lessは「〜がない／〜しない」の意味を表し、否定的な意味を持つ場合もあります。-lessも無限に単語をつくることができる接尾辞です。lessはlittleの比較級ではあるものの、「より少ない」ではなく、「〜がない／〜しない」というニュアンスになることに注意しましょう。-lessが付く単語は、基本的に形容詞になります。

endless（終わりのない）

endlessは「end（終わり）」と「-less（〜がない）」が合体して「終わりのない」という意味になります。「終わりがない」ということは「永遠に続く」ということなので、eternalやeverlastingなどが類義語になります。

needless（不必要な）

needlessは「need（必要な）」と「-less（〜がない）」が合体して「不必要な」という意味になります。「必要がない」ということは「無駄なもの」と言い換えられるので、waste（無駄な）などが類義語になります。

needlessを使った、日常会話における頻出の熟語表現として、needless to say（言うまでもなく）があります。

careless（不注意な）

carelessは「care（注意）」と「-less（〜がない）」が合体して「不

注意な」という意味になります。日本語では「不注意な」という表現はあまりしませんが、「そそっかしい」「うっかりな」「気にしない」などに近いニュアンスだと理解しておけば問題ありません。

useless（使えない）

uselessは「use（使う）」と「-less（〜しない）」が合体して「使えない」という意味になります。「使えない」という意味の他に、「無駄な」「役に立たない」「下手な」など、幅広い意味でuselessを使うことができます。uselessの対義語は、useful（役に立つ）です。

また、uselessは発音に注意が必要です。useは「**ユーズ**」と発音しますが、uselessは「**ユースレス**」、usefulも「**ユースフル**」になります。

countless（数え切れない）

countlessは「count（数える）」と「-less（〜しない）」が合体して「数えることができないくらいたくさんの」となり、「数え切れない」という意味になります。反対に、「数えられる」の意味の単語は接尾辞の-ableを使ってcountableと表現します。

doubtless（疑いのない）

doubtlessは「doubt（疑う）」と「-less（〜しない）」が合体して「疑いのない」という意味になります。

語源のdoubtはラテン語のdubitareが由来で、「2つのうちから1つを選ばないといけない」という意味から「疑う」という意味が派生しました。

また、doubtはbの部分を発音しないので、スペルミスに注意しましょう。

人によって基準が変わる抽象名詞「-ness」

接尾辞の**-ness**は、語幹の単語を名詞にするという役割なので、明確な和訳はありません。ポイントは、-nessが付くと**「抽象名詞」**になるということです。抽象名詞とは、「人によって基準が異なるもの」のことです。

また、-nessも無限に単語をつくることができる接尾辞です。文法的には誤りですが、ネイティブがinterestingに-nessを付けて「interestingness(興味深さ)」という言葉を使っているのをよく耳にします。

sweetness（甘さ）

sweetnessは「sweet（甘い）」と「-ness（名詞）」が合体して「甘さ」という意味です。-nessが付いても語幹から意味は変化しませんが、sweetだけではたんなる「甘い」というニュアンスに対し、sweetnessは**「人によって感じる甘さの度合いが違う」**というニュアンスになることがポイントです。

brightness（明るさ）

brightnessは「bright（明るい）」と「-ness（名詞）」が合体して「明るさ」という意味です。これも**「明るいと感じる度合いは人によって違う」**というニュアンスが含まれています。「光の明るさ」という意味の他に、「色の鮮やかさ」という意味でも使われます。

easiness（易しさ）

easinessは「easy（簡単な）」と「-ness（名詞）」が合体して「易しさ」という意味になります。**「（仮に数学の問題があったとして）易しいと感じる人もいれば難しいと感じる人もいて、簡単さの度合いは人によって異なる」**というニュアンスです。

tenderness（優しさ）

tendernessは「tender（優しい）」と「-ness（名詞）」が合体して「優しさ」です。**「（この人は）優しいと感じる人もいれば、優しくないと感じる人もいる」**というニュアンスです。

tenderは「優しい」の他に「柔らかい」という意味でも使えます。softと意味は同じですが、tenderは「感情的な」柔らかさ、softは「物質的な」柔らかさを表すことが多いです。ただ、明確に区別されているわけではないので、その都度、柔軟に対応する必要があります。

carefulness（注意深さ）

carefulnessは「care（注意）」と「-ful（〜でいっぱいの）」「-ness（名詞）」の3つが合体して「注意深さ」です。2つの接尾辞が付いた単語で、「注意深さの度合いは人によって異なる」というニュアンスです。

closeness（親密さ）

closenessは「close（親密な）」と「-ness（名詞）」が合体して「親密さ」です。「親密さの度合いは人によって異なる」というニュアンスです。

「-ee」は「受動態」の「〜される」というイメージ

接尾辞の**-ee**は「〜される人」という意味を表します。接尾辞-eeが付くと、名詞になります。また、アクセントは-eeの部分に置くのが特徴です。

-eeのポイントは、受動態になることです。「〜される人」の逆は「〜する人」となり、player（プレーする人）、singer（歌う人）など、接尾辞の-erを付けます。

employee（従業員）

employeeは「employ（雇用する）」と「-ee（〜される人）」が合体して「雇用される人」となり、「従業員」という意味になります。反対に、雇用する人（雇用者）は、employerです。

employはラテン語が由来です。「em-（中に）」と「ploy（結びつける）」が合体して「仕事の中に結びつける」となり、「雇用する」という意味になりました。

returnee（帰国子女）

returneeは「return（戻る）」と「-ee（〜される人）」が合体して「帰国させられた人」となり、「帰国子女」という意味になります。

returnにも接尾辞-erがついたreturnerという単語があります。returneeが受け身なのに対し、returnerは「自らの意志で戻る人」というニュアンスから「（産休などから）職場復帰した人」という意味になります。

committee（委員会）

committeeは「commit（委ねる、任せる）」と「-ee（～される人）」が合体して「任務を委ねられた人」となり、「委員会」という意味になります。commitは、「結果にコミットする」という日本の某フィットネスクラブのテレビコマーシャルの影響で「約束する」という意味しか知らない人が多いですが、「委ねる、任せる」という意味もあります。

接尾辞-erを付けたcommitter（コミットする人）という単語もありますが、日常会話ではあまり使われません。

trainee（研修生）

traineeは「train（訓練する）」と「-ee（～される人）」が合体して「訓練を受ける人」となり、「研修生」という意味になります。接尾辞-erを付けたtrainerという単語もありますが、これは日本語でも「トレーナー」という言葉で定着しています。trainの語源は、「引っ張っていくものやこと」の意味です。「引っ張っていくもの」は「列車」の意味になり、「引っ張っていくこと」のほうは「訓練する」という意味に派生しました。ちなみに、日本では厚手の服を「トレーナー」と言いますが、和製英語なのでネイティブには通じません。英語では、sweatshirt（スウェットシャツ）です。

interviewee（インタビューを受ける人）

intervieweeは「interview（インタビュー、面接）」と「-ee（～される人）」が合体して「インタビューを受ける人」という意味になります。接尾辞-erがついたinterviewer（インタビューをする人）は、日本語でも「インタビュアー」という表現が定着しています。

第4章

英単語の「センス」をより磨くために

ネイティブの“語感”を理解する

ネイティブっぽい単語の使い方ができるようになる

最終章では、英語の「センス」を上げるための英単語を紹介したいと思います。取り上げる英単語は、大きく以下の3つに分けられます。

1. **単語を組み合わせて造語をつくる**
2. **文化的背景が色濃く反映された単語**
3. **日本人が間違えやすい単語**

まず、1の**「単語を組み合わせて造語をつくる」**についてですが、ネイティブは、日常会話などにおいて、「接頭辞」「接尾辞」以外の別の言葉を足すことによって造語をつくり、単語の意味をさらに広げるということをよく行っています。ネイティブの単語の組み合わせ方を身につけると、ネイティブっぽい造語が即興でつくれるようになります。

2の**「文化的背景が色濃く反映された単語」**とは、ネイティブが単語の響きから感覚的に意味を感じ取っているものを指します。「文化的背景」を知らずに使うと、相手に間違った意味で伝わることもあるので注意が必要な単語と言えます。

3の**「日本人が間違えやすい単語」**の代表格は、「ショップ」「ストア」などの和製英語化しているものです。日本人はなんとなく同じような意味で使っていますが、英語ではまったく異なる意味合いを持っています。

図 4-1 見取り図

単語を組み合わせて造語をつくる

1. by
2. ex-
3. -in-law
4. measures
5. proof
6. ware

文化的背景が色濃く反映された単語

1. 外国人の苗字
2. 大母音推移
3. 雷
4. 秋
5. 風変わりな意味の単語
6. 不死身
7. 宇宙人
8. 地中海
9. イングランド

日本人が間違えやすい単語

1. 仕事
2. お店
3. 乗る
4. 座る
5. 知る／知っている
6. 身につける／身につけている
7. 結婚する
8. 練習する
9. 守る
10. 怪我をする

ネイティブが造語をつくるときによく使う「by」

ネイティブは、byを使って造語をよくつくります。そのため、byの使い方をマスターして、byを使った造語がつくれるようになると、ネイティブとのコミュニケーションがより円滑になるはずです。

学校では、byという単語は前置詞の「～によって」という意味で習うと思いますが、じつは「～のそば」という意味で使われることが非常に多いです。「～のそば」とは、「すぐ脇に」「くっついている」というニュアンスです。似たような表現にnearがありますが、「すぐそばにある」というよりも「比較的近く」というニュアンスで、byよりも距離感があります。

bypass（バイパス）

bypassは「by（～のそば）」と「pass（道）」が合体して「バイパス」という意味になります。日本語でも同じニュアンスで使われています。既存の道のすぐ脇にある抜け道のようにスイスイと走れる幹線道路のことです。

bypassはbyとpassをハイフンでつなげたby-passとも表記します。特に決まった規則はないので、どちらを使っても問題ありません。

bystander（傍聴人）

bystanderは、「by（～のそば）」と「stander（立っている人）」が合体して「傍聴人」という意味になります。少し専門的な単語ですが、「裁判や講演会のすぐ脇で聞いている人」というニュアンスです。

また、「事件現場などで、ただ居合わせただけの人」というニュアンスで、「見物人」という意味もあります。

似たような表現にaudience（観客、観衆）という単語もありますが、これは自分が能動的に関わっているとき、例えば、演劇や音楽などのエンタメ系の場面で使われます。

一方のbystanderは「自分があまり関わらないことに立ち会っている」というニュアンスです。裁判では「傍聴人」のほうが適切ですが、講演会などでは「参加者」という意味合いになります。

by-election（補欠選挙）

by-electionは「by-（すぐ脇の）」と「election（選挙）」が合体して「補欠選挙」という意味になります。byとelectionの間にハイフンが必要になります。ここでのbyは「メインではない補助的な」というニュアンスで使われています。時事英語では、頻出の単語です。

by-product（副産物）

by-productは「by-（すぐ脇の）」と「product（製品）」が合体して「副産物」という意味になります。byとproductの間にハイフンを入れて表記することがほとんどですが、ハイフンなしでつなげても問題ありません。

ここでのbyは「副次的な」という意味で使われており、**「メインとなる製品があって、その材料などを使うことで副次的につくられた製品」**というニュアンスで使われます。

頭に付けるだけで「元／前」を表わせる

ex-は、ハイフンが必要です。ハイフンを付けないと、第3章で紹介した接頭辞exになってしまい、意味が「外へ」というニュアンスになってしまうからです。

ex-の意味は「元〜、前〜」です。ex-を付けるだけで、無限に単語をつくることができます。

ex-president（前大統領）

ex-presidentは「ex-（前の）」と「president（大統領）」が合体して「前大統領」という意味になります。former presidentとも表現できます。

ex-girlfriend（元カノ）

ex-girlfriendは「ex-（元）」と「girlfriend（彼女）」が合体して「元カノ」という意味になります。ということはex-boyfriendは「元カレ」です。

ちなみに、girlfriendはアクセントの位置でニュアンスが変わります。「**ガ**ールフレンド」とgirlにアクセントがくるとgirlが強調されるので「彼女」という意味になり、「ガールフ**レ**ンド」とfriendにアクセントがくるとfriendが強調されるので「女の友達」という意味になります。

「私の父は元教師です。」と言いたいときは、My father was a teacher.でもMy father is ex-teacher.でも、どちらでも通じます。ただし、ex-を使う場合はbe動詞を現在形にするのがポイントです（過去形にすると「死んだ父は元教師だった。」という意味になります）。

日常会話でも使える法律用語「-in-law」

-in-lawは語尾に付けて使います。こちらもハイフンが必ず必要です。意味は「義理の」となります。直訳するとlawは「法律」という意味なので「法律上の」や「法律の中での」といった意味になります。

father-in-law（義理の父）

father-in-lawは「father（父親）」と「-in-law（義理の）」が合体して「義理の父」という意味になります。最初の部分を変えれば何にでも使えます。例えば、「義理の母」ならmother-in-lawですし、「義理の娘」ならdaughter-in-lawとなります。

この～-in-lawという表現が正式な表現ですが、会話ではstepを使って、step fatherと表現することもあります。ここでのstepは諸説ありますが「血を飛び越えた」というニュアンスで使われています。

語尾に付けると「～の策」になる

measuresも、熟語表現としてよく使われます。意味は「～の策」となります。注意ポイントは「メジャーズ」ではなく「ミィージャーズ」と発音します。このmeasuresは基本的に複数形で使われます。「策」というのはいくつも存在しているので複数形になっています。

measureは「～を測定する、～を測量する」という意味もありますが、measureの語源は元々フランス語のmanière（マニエール）で「手段」の意味を表していました。これが英語に派生してmeasureも「手段」という意味で使われています。「～を測定する、～を測量する」という意味も「面積などを求める手段」というニュアンスから派生しているので、measureは「手段」が根本の意味になります。

safety measures（安全策）

safety measuresは「safety（安全）」と「measures（～の策）」が合体して「安全策」という意味になります。「安全を担保するための手段」というニュアンスです。この他にも、temporary measuresは「非常措置」の意味になります。temporaryは「一時的な、臨時の」という意味です。strong measuresで「強硬手段」となります。

「解決策」という意味の単語はsolutionですが、お堅い書類などにはあえてsolution measuresと表記されることもあります。もちろん日常会話ではsolutionだけで十分「解決策」として理解してもらえます。

例えば、「防衛策」をdefense measuresと表現してもよいでしょう。辞書に載っているかどうかはわかりませんが、ネイティブは普通に使います。

「証明」から「耐久力のある」に派生した「proof」

proofは他の単語とくっついて1つの単語になるパターンです。意味は「防～」という意味です。元々proofは「証拠」や「証明」という意味です。それがなぜ「防～」の意味になったかというと、ある製品の機能試験をして「これは説明通りの性能がある、真実です」という証明がされたものというニュアンスです。そこからproofは「耐久力のある」、「耐えられる」という意味の形容詞になりました。

waterproof（防水）

waterproofは「防水」の意味です。日本語でもすでに化粧品や日焼け止めなどで「ウォータープルーフ」とそのままの意味で使っているので、とても馴染み深いですね。

その他に、fireproofは「防火」、soundproofで「防音」という意味になります。soundproof roomになると「防音室」となります。

また、bulletproof jacketは「防弾チョッキ」という意味になります。bulletは「バレット」と発音することもありますが、「ビューレット」と発音するのが正式です。bulletのみだと「弾丸」という意味ですが、本来は「とても速い」というニュアンスの言葉です。そのため、bullet trainで「とても速い列車」のニュアンスを表す「特急列車」となります。

ちなみに「防弾チョッキ」と日本語では言いますが、英語ではjacket（ジャケット）ですので注意してください。チョッキは和製英語です。今の時代「チョッキ」なんて言葉はほぼ絶滅していますが、なぜか「防弾チョッキ」だけは残っているのは面白いですね。

語尾に付けると「～製品」になる「ware」

wareは他の単語とくっついて1つの単語になるパターンです。意味は「～製品」という意味です。「～を着る」という意味のwearとまったく同じ発音ですので注意しましょう。このような同音異義語は他にも「読む」の過去形read（レッド）と「赤」を意味するred（レッド）などがあります。

wareは元々「～焼き」という意味です。「信楽焼」や「常滑焼」といった「～焼き」です。陶磁器（ceramic ware）のことですね。日本語でも「セラミック」という言葉を使い、土を練り固め、焼いてつくったもののことをセラミックと言いますが、陶磁器のことですね。

これがどのように「～製品」になったかというと、昔から陶磁器はご飯を入れたりおかずを入れたりする食器として使われていましたが、日常で使う「用品」という意味でwareが使われるようになりました。今でもwareを「用品」という意味で使うこともあります。例えば、kitchenwareは「台所用品」ですし、toiletwareは「トイレ用品」という意味になります。

さらに、その陶磁器の用品に野菜などを入れて露天商が軒先に並べて、I have many wares.（たくさんの商品がありますよ！）と言いながらお客さんに声をかけて売っていました。そこからwareが「商品」という意味に変わりました。ここまでがwareの歴史的背景です。

現代英語では「商品」という意味から派生して、wareは「～製品」という意味になり、今でも露店などで売られている「商品」のことを表すことがありますが、あまり使われなくなっています。

「商品」という意味の単語はitemやgoodsがありますが、ニュアンスがそれぞれ異なります。

wareはさきほども紹介した通り、「露店などで外にさらされている商品」というニュアンスですが、itemは「取り扱い商品」というニュアンスで使われます。在庫があるかないかにかかわらず、売ることができる商品のことを指します。一方、goodsは「小売店が販売する商品」というニュアンスになります。ですので、一般に私たちがお店で買う商品はgoodsになります。また、「卸商品」の意味ではmerchandiseを使います。

話が少し長くなりましたが、～wareで「～製品」の意味を表すものをいくつかご紹介します。これも辞書に書いてあるかどうかにかかわらず、いくらでもつくることができる単語です。どんどんその場で単語をつくってしまいましょう！

tableware（食卓用食器）

tablewareは「食卓用食器」の意味です。食器は陶磁器が多いので、昔使われていたwareのニュアンスがそのまま表れている言葉になります。

その他にも、glasswareは「ガラス製品」という意味になりますし、ironwareは「鉄製品」になります。goldwareは「金製品」、silverwareは「銀製品」、copperwareは「銅製品」になります。

ちなみにwarehouseは「商品を入れておく部屋」というニュアンスから「倉庫」という意味になります。

私が通訳の仕事をする際にも、これまで紹介した6個の言葉はとても役に立つ表現です。通訳ではいちいち「この単語の意味は……？」と考える時間はまったくありません。通訳は辞書に載っている単語だけでなく、その場でこれらの言葉を駆使して瞬時に単語をつくってしまいます。それでも相手は意味をしっかりと理解することができるので何の問題もありません。

なぜ、「スミス」という苗字が多いのか？

ここからは、文化的背景が色濃く反映された英単語を解説します。まずは、苗字についてです。

海外では、Smith（スミスさん）という名前の人がとても多いです。日本で言うと、伊藤さんや鈴木さんといった感じでしょうか。英語の教科書でも、Mr. Smith teaches English.（スミス先生は英語を教えています。）など、登場人物の名前にスミスさんが本当によく登場します。

このSmith（スミスさん）という名前は、smiteという単語が由来です。少し古い単語ですが、意味は「強く打つ」「攻撃する」になります。

例えば、The hero's powerful strike smote the enemy.（ヒーローの強力な一撃は敵を打ち倒した。）などと使います。このsmiteに含まれる「強く打つ」というニュアンスが派生して、Smithという名前ができたのです。

Blacksmith（鍛冶屋）

Blacksmithを直訳すると、「black」と「smith」が合体して「黒いものを打つ人」となり、「鍛冶屋」という意味になりました。ここでの「黒いもの」とは「鉄」を指します。昔の鉄は精製されていなかったため、黒かったのです。

Goldsmith（金細工師）

Goldsmithも、直訳のままで「金を打つ人」から「金細工師」という意味になります。今でもゴールドスミスさんという名前の人がいますが、先祖が金細工をしていた家系です。ちなみに、Silversmithは「銀細工師」です。

Whitesmith（ブリキ職人）

ブリキは銀色というより白っぽいのでWhitesmithで「ブリキ職人」という意味になります。Whitesmithさんという苗字の人もいます。

Blacksmith やGoldsmith 、Whitesmithという単語には、かつて英語が生まれたヨーロッパで日本と比べて金属が多くつくられていたという背景があります。なぜ、金属が多くつくられていたかというと、戦いや戦争が多かったからです。武器をつくるためには、鉄などの金属がたくさん必要になります。そのため、必然的にこのような仕事に携わる人が増えました。

スミスさんという名前が多いのは、仕事の屋号が苗字に変化したからです。

屋号がそのまま苗字になった例は、他にもあります。例えば、Taylor（テイラーさん）は「仕立屋」のtaylorが由来ですし、Stewart（スチュワートさん）は、先祖が「執事」をしていた家系です。Carter（カーターさん）はcarという単語からわかる通り、「車（当時は馬車）を扱う人」という意味で「馬車職人」の家系になります。Miller（ミラーさん）も、mill（粉を挽く）という意味から「粉屋さん」の家系です。

英語の苗字と同様、日本の苗字も先祖の仕事や歴史的背景とのつながりがある場合が多いです。

ちなみにMac～という名前は、「～さんの子供」という意味で、Macdonaldは「ドナルドさんの子供」となります（ハンバーガーチェーン店のつづりはMcDonaldです）。また、Jr.（ジュニア）は、苗字と名前が親と同じときに使われます。

knowのkを発音しない理由

次は、『生きた化石「K」』です。どういうことかと言うと、英単語の中には、つづりがkから始まるにもかかわらず、kを発音しないものがたくさん存在するのです。

例えば、know（～を知っている）の発音は、多くの人が学校で「クノゥ」ではなく「ノゥ」と習ったと思います。

なぜ、knowという単語は、kを発音しないのでしょうか？

時代をさかのぼって、西暦1400～1600年頃（日本の室町時代～戦国時代のあたり）のヨーロッパでは、**「大母音推移」**というものが発生しました。「大母音推移」と言うと、なんだか大げさに聞こえますが、これは**表記している文字と発音（母音）がずれてしまう現象**のことです。

じつは、knowも、かつてはkを発音して「クノゥ」や「クニィ」と言っていたのです。ただ、kは無声母音というもので、とても発音しづらいのです。そこで、「kを発音しないで『ノゥ』と言うことにしよう！」ということになりました。

このknowのように、**多くの発音しにくい単語が、どんどんと発音を変更されていった**のです。

では、なぜ、発音しないkが、いまだに表記されたままになっているのか？

これは、西暦1445年に発明された「活版印刷」が大きな原因になっています。

大母音推移が起こり始めた初期の段階で、すでに印刷物が出回るようになっていたのです。当時、まだkを発音していたので、当然、印刷物にもkが付いていました。印刷された文字は消すことができないので、**英単語**

の表記にはkを残しつつ、発音するときにはkを言わないというダブルスタンダード現象が起きてしまったということなのです。

kの発音が完全に消滅する前に、kが付いた単語の表記が広がってしまったという時代背景がkを発音しない理由の正体です。

このような歴史的背景がわかると、発音と表記が違う単語に出くわしたときに、「ややこしいなあ」と文句を言うのではなく、英語の歴史に触れたようで、これまでよりは興味深く受け取れるのではないでしょうか。

ちなみに、hを発音しない単語もあります。これは、kと歴史的背景がまったく異なります。ラテン語が由来の言葉で、慣習的にhを発音していないのです。英語に限らず、スペイン語もポルトガル語も、hを発音しません。このような理由から日本の「本田（Honda）」という苗字の文字だけを見ると、ネイティブは「オンダ」と読んでしまうのです。

図4-2 表記してるのに発音しない単語

kを発音しない代表的な単語

know	（ノゥ）	「～を知っている」
knee	（ニー）	「ひざ」
knife	（ナイフ）	「ナイフ」
knight	（ナイト）	「騎士」
knock	（ノック）	「～を叩く、～を打つ、ノックする」
knob	（ノブ）	「ドアのノブ」

hを発音しない代表的な単語

hour	（アワー）	「時間」
honor	（オーナー）	「名誉」
humor	（ユーモア）	「ユーモア」

じつは、「雷」という英単語は存在しない！

いきなりですが、「雷」は英語で何と言うでしょうか？

thunder（サンダー）でも、lightning（ライトニング）でもありません。

意地悪な質問でしたが、じつは、英語には日本語の「雷」という意味に当てはまる単語は存在しないのです。

なぜ、英語には日本語の「雷（ゴロゴロという音とピカッとなる光が合体したもの）」に当てはまる英単語がないのか？ そして、なぜ、thunderやlightningは、雷という訳にならないのか？

まず、thunderは、「雷鳴」という意味で、「ゴロゴロと鳴っている音」のことです。lightningは、「稲妻」で、「ピカッとなる光」のことです。

そして、「雷鳴」と「稲妻」が合体したものをthunderbolt（サンダーボルト）と言います。

thunderboltの和訳は「雷」ではなく、「雷鳴と稲妻」のほうが正確に表しています。なぜかというと、これは地域や信仰している宗教によって異なりますが、ギリシャ神話では「ゴロゴロと雷鳴を鳴らしている」神と「ピカッと光る稲妻を出す」神は違うと考えていたからです。

日本でも同じようなことが当てはまります。日本でも、「風神／雷神」というように、風の神様と雷の神様がいると考えています。

thunderboltは、thunder（雷鳴）とbolt（稲妻）が合体してできた複合語です。なので、比較的新しくつくられた単語になります。

複合語とは、別々の単語が合体して1つの単語になったものなので、厳密には、純粋な英単語とは言えません。そういった理由から、冒頭で、「雷」という意味の単語は存在しない、とお話ししたのです。

日本でも、気象現象に対して名前を付ける風習があります。例えば、「雨」でも勢いよく降る雨を「豪雨」、雨粒の細かいパラパラとした雨を「霧雨」などと言います。「雪」も、「ドカ雪（ものすごくたくさん降る雪）」や「ぼた雪（湿気を含んだ重たい雪）」などとよく表現します。

日本は、気象現象自体に対して名前を付ける一方、英語は神様ベースで考えます。そのため、日本語と英語が一致しないところが出てきてしまうのです。

もしかしたら、外国人の中には、「雷鳴の神様」と「稲妻の神様」をひとまとめにして「雷」と1つの言葉で表現するなんてダメだ、と言う人がいるかもしれません。

ただ、最近では、雷のことをthunderと表現するネイティブがいることもたしかです。なので、日常会話で雷という意味でthunderを使っても通じるでしょう。

ちなみに、thunderの語源は、ゲルマンの神様「トール」が由来です。

トールはゴロゴロと雷鳴を出す神様として知られていました。このトールが派生して、ラテン語のtonare（トナーレ）になりました。このtonareがthunderの語源です。「トールの神様の騒音」というニュアンスです。したがって、thunderはあくまで「音」のことを指しているのです。

一方、lightningは現代に生まれた単語です。語幹のlightは、元々はラテン語の「光」を意味するlīht（ルース）と、ゲルマン語の「明るい」を意味するlēoht（レオット）からできています。lightに-ingを付けて「光が動いているもの」という意味でlightning「稲妻」になりました。

このように、国や文化、宗教など、さまざまな要因から言葉はつくられています。そのため、異なる2つの言語があったとき、すべての単語がピッタリ1対1の対で当てはまることはほぼありません。紙面の都合で、ここでは雷だけを取り上げましたが、日本語と英語でも、まだまだ他に純粋に一致しない単語はたくさんあります。

「autumn＝イギリス英語」「fall＝アメリカ英語」ではない？

学校の英語の授業で、「秋」という意味の単語について、fallとautumnの2つを習った人が多いと思います。

アメリカ英語がfall、イギリス英語がautumnとよく言われますが、本当なのでしょうか？

ここでは、fallとautumnという2つの単語について、掘り下げて解説をしたいと思います。

まず、fallはゲルマン語が由来の単語です。fallは「～が落ちる」という意味でも使われます。例えば、waterfallで、「水が落ちる」というニュアンスから「滝」の意味になります。

では、何が落ちて「秋」の意味になるかと言うと、「葉っぱ（leaves）」です。**「葉っぱが落ちる季節」というニュアンスから、fallが「秋」という意味を表すようになった**のです。

一方、autumnはラテン語が由来の単語です。autumnitās（収穫期）というラテン語から派生してautumnが生まれました。日本でも、「実りの秋」と言うように、**autumnは「収穫の時期」というニュアンスから「秋」という意味が生まれました。**

では、いったい、「秋」のことをfallとautumnのどちらで表現すればよいのか。アメリカ英語ではfallを、イギリス英語ではautumnを使うとよく言われています。たしかにその通りなのですが、じつは、現実的にはアメリカでもautumnを使いますし、イギリスでもfallを使うという混ざった状態、というのが私の知る限りの現状です。

私たちがどのようにfallとautumnを使い分ければよいかというと、fallは「春」「夏」「秋」「冬」という四季の「秋」を表現するときに使うことをオススメします。1年のうちの「秋」の部分にフォーカスしているニュアンスです。難しい表現をすると、相対的な「秋」を指します。

一方、autumnは「収穫の時期」だけを指しているので、他の季節などと比べていないニュアンスになります。絶対的な「秋」のことを指します。

例文を使いながら確認しましょう。

I like **fall** the best of the year.（私は1年の中で秋が一番好きだ。）

上の例文では「夏や冬もいいけれど、やっぱり1年の中では秋が一番好き」というニュアンスで、夏や冬と比較しています。このような文のときにはautumnはあまり使いません。

We eat many fruits in **autumn**.
（私たちは、秋にたくさんのフルーツを食べる。）

上の例文では、特別、夏や冬と比較していません。純粋に「秋」という季節にフォーカスしています。このような文のときは、autumnを使うとよいでしょう。

日本語でも、「オータムセール（autumn sale）」と表現することがありますが、これは夏や冬と比較しているのではなく、純粋に「秋のこの時期にピッタリの商品を販売しています」というニュアンスで使われています。このときに「フォールセール（fall sale）」と表現してしまうと、ワンフロアの中に「夏ものコーナー」、「冬ものコーナー」などがあって、その中で「秋ものコーナー」もある、というニュアンスになってしまいます。

いかがでしょうか。fallとautumnという2つの単語には、ゲルマン語とラテン語という由来の違いだけでなく、収穫の時期を大切にする気持ちが含まれているという背景もあったのです。

「風変わりな意味の単語」に隠された意外な「文化的背景」

私が知っている単語の中で、一番風変わりなのが、「〜を無人島に独り取り残してくる」という意味のmaroonです（アメリカでMaroon 5という名前のロックバンドがありますが、maroonの意味とどのようにつながっているのかはわかりません……）。

かつてのヨーロッパでは、罪人に対して無人島に独り取り残してくるという罰がありました。無人島の場所は、西インド諸島（今のカリブ海あたり）です。日本で言うところの「島流し」のようなことをヨーロッパでも行っていたことから、maroonという単語が生まれたのです。

もちろん、現在はこのような罰は存在していないので、maroonは「〜を孤立させる」という意味として使われています。

このmaroonのように、日本人にとっては一見どのように使うかわからない英単語を他にもいくつか紹介します。

anatidaephobia （アヒルに見られる恐怖症）

接尾辞の-phobiaは「恐怖症」という意味です。「アヒルに見られる恐怖症」とは、ヨーロッパではアヒルを飼っている家が多く、アヒルに追いかけられたり、つつかれたりして怖い思いをした人がアヒルと視線が合うだけで怖くなってしまったことから生まれた単語です。

qualtagh （外出して最初に遭遇した人）

まるで、某テレビ番組の「第一村人発見」のようなニュアンスです。

mooning （窓から尻を丸出しにして見せるいたずら）

お尻がmoon（月）のように見えることから、ヨーロッパの子供がするいたずらのことを指していましたが、近年では抗議や嫌がらせのためにすることもあります。漫画『クレヨンしんちゃん』の中に登場する「ケツだけ星人」は、まさにmooningですね。もちろんこのような行為は日本だけではなく、外国でも刑事罰になるような犯罪行為なので、やめましょう。

その他にも、次のような単語があります。

spiralizer （野菜を麺状にする道具）
gobbledygook （公文書の回りくどい言葉）
atoll （輪っかの形の珊瑚礁）
ultracrepidarian （知識外の意見を言う人）
anhedonia （かつて感じていた楽しみが感じられなくなること）

いろいろと紹介してきましたが、これらの単語はどれも日常会話で使うことはほぼないでしょう。時には、無駄な情報も必要です。「こんな単語もあるんだ！」くらいの気持ちで頭の片隅に置いておきつつ、何かのネタに使っていただけたらよいと思います。

「音の響き」からネイティブが「不気味さ」を感じる単語

前に、「死」を表すmortが使われたimmortal（不死身の）という英単語を紹介しました。

ここでは、mortが使われた単語をもう1つ紹介します。それは映画『ハリー・ポッター』で登場する宿敵Voldemort（ヴォルデモート）です。

ネイティブは、Voldemortという言葉の響きに気色の悪さを感じます。私の友人のネイティブにVoldemortについて聞いてみると、みな、口を揃えて「気味が悪い」「不気味だ」と言います。私自身も、洋書で初めてこの言葉を目にしたとき、不快感を抱いたのをよく覚えています。

同様に、日本語でも言葉の響きの悪さを持つ単語があります。例えば、数字の「4」です。日本において、4（シ）は「死」を連想するため、駐車場やホテルの部屋番号には使われないことが多い数字です。また、車のナンバープレートも、下2ケタの「42」や「49」は欠番になっています。これも、「死に」や「四苦」を連想するためです。

このように、英語も日本語も、「音の響きの怖さ」という視点があるのです。英語も日本語も、「語感」を大切にしているとも言えます。

山梨県の身延山には、「くし切りだんご」という和菓子があります。見た目は普通のみたらし団子ですが、団子をもらうときに串の部分をハサミで切ったうえで渡されます。なぜかと言うと、「くし（苦死）を切って幸運を願います」という意味を込めているからです。

話を『ハリー・ポッター』のVoldemortに戻すと、volは「回転」という意味の単語です。deは、ラテン語で「～の」の意味です。そしてmortは第2章でも紹介した「死」を表します。この3つをつなげると、「死の回転」となり、「何度死んでも、生まれ変わる」というニュアンスの言葉になるのです。もちろん、ハリーポッターの作者であるJ・K・ローリングに確認をとっているわけではないので確証はありません。

ただ、Voldemortという言葉が持つ不気味さが、『ハリー・ポッター』という作品の世界観をつくり上げる要素の1つになっていることは間違いないでしょう。

Voldemortの他に、楡（ニレ）の木を意味するelm（エルム）という言葉の響きも、ネイティブには不快感をもたらします。楡の木は、日本では北海道に多く分布しており、太鼓の胴の部分の素材としても使われています。英語圏では、楡の木は「棺桶をつくる木」として知られています。そのため、「エルム」という音の響きを聞くと、ネイティブは棺桶を連想してしまうので、嫌な気持ちを抱いてしまうのです。

このelmの嫌な音の響きを利用したのが、映画『エルム街の悪夢（A Nightmare on Elm Street)』です。ネイティブは、タイトルを見ただけで、背筋が凍るような印象を持ちます。このように、特に映画などでは歴史や背景などを知っておくと、物語を何倍も楽しむことができ、ネイティブと同じ感覚を味わうことができる重要な役割を果たしている単語があるのです。

さらに、「梯子（はしご)」を意味するladderも、じつは、ネイティブにとっては、音の響きがよくない単語です。なぜなら、「梯子の下を通ることは縁起が悪い」とされているからです。日本人にとって、梯子は不吉なものではありませんが、その昔、英語圏で、木と木の間にロープを結んで絞首刑をしていたため、梯子の下は死人が吊り下がっているから通ってはいけない、と言われていたという歴史的背景があります。

もちろん、日常会話において、「梯子」という意味でladderという言葉はよく使いますので、特に気にする必要はありませんが、ネイティブにとっては、じつは音の響きがあまりよくない単語という知識は頭の片隅に入れておいても損はないでしょう。ちなみに、日本のホラー映画『リング』のハリウッド版『The Ring』の中では、いたるところに梯子が登場しています。

「alien（エイリアン）」は「宇宙人」という意味ではない！

映画の影響もあるかもしれませんが、alienが「宇宙人」を意味する単語だと思っている人が多いようです。しかし、**alienの正しい意味は「部外者」なのです。**

海外の空港の入国手続きをする際、「外国人」という意味でAliensと書かれた場所に行く必要があります。この場合のalienは、「その国の居住権を持たない人」というニュアンスです。Aliens とResidencesで場所が分かれていますが、Residencesと書かれた場所のほうは「その国の居住者」という意味です。

日本の空港ではAliensの代わりにForeignersと書かれています。アメリカの空港では、Aliensです。

では、「宇宙人」は英語でどのように表現するかというと、**E.T.（Extra Terrestrial）**です。E.T.と聞くと、日本人の多くは映画の『E.T.』を思い浮かべると思います。じつは、まさにあのタイトルが「宇宙人」という意味なのです。

映画の公開は1982年なので古い言葉だと思いがちですが、現在でもネイティブは「宇宙人」のことをE.T.（Extra Terrestrial）と言います。

extraは、「外の」という意味の形容詞です。

terrestrialのterreの部分は、さきほど紹介した「地球」を意味する語源terraの派生した形です。stは語形変化したものなので特に意味はなく、rialは「～な人／もの」という意味です。したがって、**extraとterreとrialを組み合わせて「地球の外の人」というニュアンスで「宇宙人」という意味になります。**

さらに、E.T.（Extra Terrestrial）という言葉を深掘りしてみると、興味深い事実が浮かび上がってきます。

E.T.のEであるextraは、元々ラテン語の単語です。しかし、Tであるterrestrialのterreは元々ギリシャ語なのです。

昔、ラテン語を使っていたローマ帝国には、学問力を高めようとする動きがありました。なぜなら、ローマ帝国には学校がなかったからです。

そして教育する場がないことに危機感を抱いたローマ帝国は、ギリシャの学者たちをローマ（今のイタリア）に集めて家庭教師をさせた、という歴史があります。こうしたローマ帝国の教育の歴史による産物が、E.T.という言葉なのです。

E.T.という文字を目にするたび、その裏側からローマ帝国の学問に対する熱が漏れ伝わってくるような感覚に陥り、私は言語を勉強していてよかったと、しみじみ思います。

歴史的に「真ん中」になった海・地中海

「地中海」という単語の裏にも、歴史的背景が色濃く残っており興味深いです。みなさんはこの「地中海」という言葉ってなんか変な名前だなあと思ったことはありませんか？ 私も学生の頃から疑問に思っていました。

しかし、歴史を知るにつれ「地中海」と呼ばなくてはいけない理由があるのだと理解できました。なぜここを「地中海」と呼ばなくてはいけなかったのか？

まずは下の図を見てください。ローマ帝国の最大勢力時の図です。図からわかる通り、イギリス（今のブリテン島の南半分）からヨーロッパ全土、そして北アフリカまでを占領していました。

図 4-3　ローマ帝国の領土

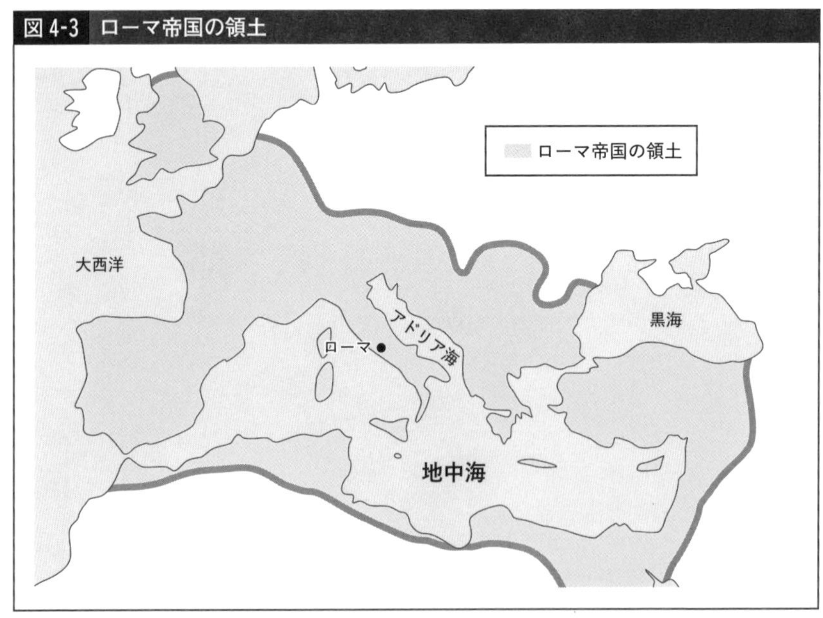

つまり、ローマ帝国から見て、地中海は自分たちの領土の真ん中に位置しています。まずはこの地理的関係を覚えておいてください。

地中海は英語で**the Mediterranean (Sea)**と表記します。Seaはなくても地中海と表現することができます。世界的に有名な川や海は特別riverやseaを表記しなくても大丈夫です。ナイル川はthe Nileでよいです。

Mediの部分は「真ん中」という意味を表します。例えば、media（メディア）という単語はこのmediから派生した単語ですが、「当事者とそれを知りたい人の真ん中に立って情報をやりとりする人」というニュアンスからmediaという単語が生まれました。また、middle（真ん中）という単語もこのmediから派生した単語になります。S、M、Lサイズの「Mサイズ」はmiddleのことですね。

そして、terraの部分がさきほども紹介した「大地」の意味を表します。では最後の「海」の部分は何からきているのかというと、ラテン語のmareという言葉です。ラテン語ではMare Mediterraneumで地中海のことを表していました。このmareが派生したmarが「海の」という意味を表す言葉で、このmarが付いた単語にmarineがあります。日本語でも「マリンスポーツ」などと表現しますので馴染み深い単語ですね。また、「女性」という意味を表すmaid（メイド喫茶などと日本でも使っています）が合体した単語がmermaid（マーメイド、人魚）です。

残りのneanは元々ラテン語で形容詞を形成する単語になります。これで完成です。**the Mediterranean (Sea)で「自分たちの領土（大地）の真ん中にある海」から「地中海」という言葉が生まれました。**

ちなみに現代スペイン語もラテン語から派生してMar Mediterraneo（マール・メディテラーニオ）と表記します。

「地中海」なんて変な名前ですが、じつは今から1800年も前の2世紀のローマ帝国が最大勢力を誇っていた時代の名残が現代でも実感できる、とてもロマンあふれる単語なのです。

「グレート・ブリテン」と「イングランド」の違い

日本人の多くは、イギリスのことを「イングランド（England)」と呼びます。もちろん、そのこと自体は悪いことではありませんが、じつはイギリス人の中には「イングランドはやめてほしい」と思っている人もいます。なぜなら、**スコットランド、イングランド、ウェールズ、北アイルランドという4つの自治区を1つにまとめた名称がイギリス**だからです。

ちなみに、**Great Britain**（グレート・ブリテン）は国名ではなく地理的な呼び方で、「大きなブリテン島」という意味です。北アイルランドはブリテン島ではないので、Great Britainはスコットランド、イングランド、ウェールズの3つの自治区を指します。そのため、イギリスは自国のことを**United Kingdom**（ユナイテッド・キングダム、略してU.K.）と言います。正式名称は**United Kingdom of Great Britain and Northern Ireland**（グレート・ブリテン及び北アイルランド連合王国）です。

歴史をさかのぼると、西暦375年頃にさまざまな政治的な理由で現在のドイツ（当時はゲルマン、現代語読みでジャーマン）からアングロ族、サクソン族、ジュート族がヨーロッパ各地に移民しました。これが有名な「ゲルマン民族の大移動」です。一度にどっと移住したわけではなく、300年くらいかけて徐々に移り住みました。

そして、アングロ人（英語では「アングル人」と呼ぶのが一般的）がブリテン島に移り住みます。しかし、当時ブリテン島にはケルト民族が住んでいました。ケルト民族はCelticと表記します。現在ではセルティックと発音しますが、昔はケルティックと発音していたため、ケルト系の血を継いでいる人はいまだにCelticをケルティックと呼んでいます。セルティックという名のサッカーチームがありますが、これは「ケルトの」という意味になります。

ケルト民族が住んでいたブリテン島にアングロ人が入ったことから争いが起きます。そして、アングロ人が勝ってしまいます。そのため、**ブリテン島のことを「Angles（アングル人の）」と「land（土地）」を組み合わせてAngles landと呼ぶようになり、それがEnglandという言葉の語源になった**のです。このような歴史的経緯から、ケルト民族からすると、Englandという言葉は自分たちがよそ者扱いされていると感じるのです。ケルト系の血を継ぐ人たちは、イギリスをEnglandと表現されるとものすごく嫌がります。では、イギリスのことをなんと表現すればよいかと言うと、やはりU.K.という表現です。ちなみに、「イギリス人」はなんと表現するのがよいかと言うと、**British**（ブリテン島の人）です。地理的な呼び方になるので、政治的なニュアンスが含まれません。そのため、Are you British?（あなたはイギリス人ですか？）はOKですが、Are you English?という表現は極力避けたほうが無難です。

以上をまとめると、**イギリスという国名を言いたいときは、U.K.が一番無難で、イギリス人と言うときには、Britishが一番無難**ということになります。

ただし、「英語」という言語を表すときには、Englishで問題ありません。ちなみにスコットランド方言が入ったものはScottish（スコティッシュ）、ウェールズ方言が入ったものはWelsh（ウェルシュ）、北アイルランド方言が入ったものを(Northern) Irish（ノーザン・アイリッシュ）とも言いますが、これらすべてまとめてEnglishになります。日本語も関西弁や名古屋弁、津軽弁などを合わせて日本語（Japanese）になるのと同じ感覚です。つまり、**Engl-（Anglesが派生した言葉）と表記してよいのは唯一、言語を表すEnglishのみだということを覚えておくと、イギリスに仕事や旅行をした際に現地で良好な関係を築くことができるでしょう。**

「work」と「job」は同じ意味ではない？

ここからは、日本人が間違えやすい英単語を解説します。

最初は「仕事」という意味の単語です。仕事と言えば、workとjobを思い浮かべる人が多いと思いますが、じつは、ネイティブとの会話で意外とよく使うのがtaskです。

work（自分がやるべき仕事）

workは、**「自分が具体的に携わっている仕事」**を指します。「自分がやるべき仕事」や「その日1日の仕事」というニュアンスがあります。

例えば、I have to go to work.（私は仕事に行かなければならない。）は「私が担当している仕事」をするために出社しないといけないという意味合いですし、I helped her work.（私は彼女の仕事を手伝った。）は「彼女が受け持っている仕事」を手伝うということです。「彼女の仕事」なので、私の仕事ではありません。このように、その人が具体的に携わっている仕事をworkで表すのです。

job（第三者的な仕事）

jobは、workとは少し異なり、自分のことにはあまり使いません。my job（私の仕事）という表現がありますが、じつは、ネイティブはあまり使いません。

例えば、Did he get a job?（彼は仕事を見つけた？）という表現は、「私が受け持っている仕事」や「彼が受け持っている仕事」ではなく、たんに「仕事」という総称のような意味合いです。第三者的なニュアンスと言ってもよいでしょう。

また、She is looking for a new job.（彼女は新しい仕事を探している。）やHe has a part-time job.（彼はアルバイトをしている。）など、形容詞と合わせて使うときは、workではなくjobを使います。

business（業界的な仕事）

businessは**「業界的な仕事」**というニュアンスです。具体的な仕事内容というよりも、「職種」にフォーカスしたイメージです。

例えば、His business is apparel.（彼の仕事はアパレル関係です。）や、I want to begin a business of IT.（私はIT関係の仕事を始めたい。）など、workやjobとは違い、大きな枠組みでの仕事といった意味合いです。

task（義務として課されている1つ1つの仕事）

taskは、**「やるべきこと」**というニュアンスです。賃金が発生する、しないにかかわらず、「私がしなければいけないこと」という意味合いで使います。ネイティブは、taskをとてもよく使います。例えば、I have several tasks to complete today.（私は今日終わらせないといけない仕事がいくつかある。）という文では、「取引先に電話をする」や「部品をつくる」など、お金をもらう仕事だけでなく、「洗濯をする」「買い物に行く」といった家事もtaskに当てはまります。

日本でも、「今日やること」を列記したリストを表す「タスクリスト」という言葉が定着していますが、人によっては「to doリスト」という言葉を使う人もいます。ただ、「to doリスト」のtoは、shouldの意味なので、英語のニュアンスからすると、「するべきリスト」になります。

「規模」で使い分ける「お店」という意味の単語

英語には「お店」という意味の単語がたくさんあります。普段、日本人は、あまりお店の違いを意識しませんが、ネイティブはしっかりと使い分けています。

shop（専門店）

shopとstoreはよく混同されがちですが、**shopは販売しているだけでなく、つくったり、修理したりするお店のことを指すのが本来の意味です。**

例えばguitar shopはギターを販売するだけでなく、メンテナンスや修理もしてくれます。shoes shopも、本来は靴の販売だけでなくヒールが折れてしまっても直してくれていました。日本語で言う「専門店」的なニュアンスです。

store（販売店）

storeの本来の意味は、「蓄積する」です。そのため、**在庫があって売るだけのお店のことをstoreと呼びます。**book storeなどが代表的な例です。以前、私がニューヨークに行ったときにbook shopと掲げられた店に入ったことがあります。実際に、その店では古い本の修復もしていました。

supermarket（大きな市場）

supermarketは、super（すごい）とmarket（市場）が合体して「すごい市場」となり、「1つ屋根の下に入っているすごく大きな市場」というニュアンスです。間違えてはいけないのは、生鮮食品を売っているからではないということです。もちろん生鮮食品も扱っていますが、他の日用品だったり、雑貨だったり、書籍などいろいろ売っているお店のことを指します。

department store（小売店が集まっている施設）

department storeのdepartmentは大学では「学部」の意味になるように、「部署」のニュアンスがあります。ですから、1階は食料品、2階は衣料品、3階はカバンや靴などといった、それぞれのフロアで何かを売っている場所という意味合いです。storeが付いているので在庫を持って販売するのがメインになります。小売店が1つの建物に集まっているニュアンスもあります。

shopping mall（supermarket＋department store）

shopping mallはsupermarketとdepartment storeの両方の役割を兼ね備えている施設のことを指します。日本では、イオンやららぽーとがまさにショッピングモールです。

この他にも、home center（ホームセンター）があります。これも英語として普通に使われています。家庭用品やDIY用品が売っているところです。また、英語ではdepot（デポ）と表現するお店もあります。これは大型のホームセンターのような感じですが、倉庫で箱買いするような場所を指します。depotは元々「倉庫」や「商品の流通拠点」といった意味ですので、内装は倉庫そのままという所が多いです。コストコなどがよい例でしょう。

「乗る」の使い分けのポイントは「乗ったあと」

「乗る」という意味の言葉も、いろいろな単語があります。それぞれ少しずつニュアンスが異なるので注意しましょう。

どれを使うか困ったらtakeを使っておけばとりあえずは大丈夫です。ニュアンスに忠実な単語を使うことも大切ですが、いざというときにこれを使っておけば大丈夫という単語を知っておくこともとても大切です。けっして逃げではありません。コミュニケーションを止めないことが重要なのです。

take（乗り物を利用する）

takeは「乗る」というよりも**「乗り物を利用する」**といったニュアンスです。そのため、I take a bus.（私はバスに乗る。／バスを利用する。）やI take an airplane.（私は飛行機に乗る。／飛行機を利用する。）といった使い方ができます。

takeは原則として公共交通機関で使われます。飛行機、電車、バス、タクシーなどが当てはまります。

get on（乗って歩き回れるもの）

get onは「乗ったあと歩き回れるもの」に乗るときに使われます。例えば、飛行機や電車、船などがそうですね。最近ではバスも車内を歩き回れるものがあるのでget onを使うことがあります。例えばI always get on the bus to go to work.（私はいつもバスに乗って通勤します。）や

Don’t forget to get on the subway at the next station.（次の駅で地下鉄に乗るのを忘れないでね。）などと使います。

ride（上に乗るもの、乗って動き回れないもの）

rideは「上に乗るもの」というのが本来の意味で、「乗ったあと動き回れないもの」というニュアンスです。

みなさんが知っているrideは、I ride a motorcycle.（私はバイクに乗る。）といったイメージが強いので「またがって乗る」という意味で覚えているかもしれませんが、そうではありません。

ここがよく誤解されるのですが、**rideは「またがって乗る」ではなく、「乗ったあと動き回れないもの」のニュアンスなので、自転車やバイク、ウマなどに限らず、車やタクシーにも使えます。**実際、I ride a car.（私は車に乗る。）と表現することができます。ここが日本人にはピンときていない部分です。rideが「またがって乗る」というイメージは捨て去って、「乗ったあと動き回れないもの」というイメージを持つようにしましょう。

例えば、ジェットコースター（roller coaster）もrideを使います。I rode a roller coaster yesterday.（私は昨日ジェットコースターに乗った。）のように表現します。

get onとrideは対照的なニュアンスを持ちます。しかし、最近では正直なところ、このget onとrideがネイティブの会話の中では混ざり始めている感があります。だからと言ってどちらを使ってもよいというのではなく、しっかりとニュアンスの違いを理解しておくことが大切です。

また、rideと同じような表現で、get inを使うこともあります。get onとの区別がややこしくなりそうな場合は無理せずrideを使えば問題ありません。

「sit down」は、じつはあまり使わないほうがよい？

「座る」という言葉も使い方が意外に難しい単語です。

それぞれの単語は少しずつニュアンスが異なるので、うっかり目上の人に使ってしまうと冷や汗をかいてしまう可能性があります。

どのシチュエーションで、どの単語をチョイスするべきかを確認していきましょう。

sit down（座る）

sit downは、そのまま「座る」という意味です。学校でも教わりましたね。しかし、**実際はあまり使われることはありません。なぜかというと、少しきつい言葉なのです。**友達にsit downというと「座りなよ」というニュアンスになり、先生が使うと「座りなさい」というニュアンスになります。そのため、**目上の人には絶対使ってはいけません。**「じゃあPleaseを付ければ大丈夫！」と思うかもしれませんが、それでも目上の人には良い印象がありません。Please sit down. は日本語にすると「座ってください。」ですが、上から目線のニュアンスは残ったままなので、Please sit down. は困ったときの緊急事態で使うくらいにとどめておいたほうが無難です。

例えば、Please sit down and make yourself comfortable.（座ってくつろいでください。）と言えるのは目上の人だけです。これを逆に目上の人に対して言ってしまうと大変です。

相手に対して言うのではなく、自分自身の行動に対してであれば問題ありません。例えば、After a long day at work, I like to sit down and relax with a good book.（仕事の長い1日の後、私は座って良い本でリラックスしたい。）などと表現する分にはまったく問題ありません。

seat（〜を座らせる）

seatは他動詞で「〜を座らせる」という意味なので、seatをそのまま使うことはほぼありません。このseatを使うときは基本的にbe動詞＋過去分詞の受動態で使います。Please seat yourself at the table.（テーブルに座ってください。）とseatの後ろにyourselfなどを置くことで「座る」というニュアンスが出ますが、これもあまり使う場面はありません。

seatには名詞の「座席」という意味があるので、こちらのほうが使う頻度は多いです。

be seated（お座りください）

be seatedは、さきほどのseatの受動態の形ですが、これがsit downの丁寧な表現です。**日本語だと「お座りください」といったニュアンスです。**

飛行機に乗っているときにアナウンスでPlease be seated and fasten your seatbelt.（席にお座りになり、シートベルトをお締めください。）と聞くことがあります。これが正しい「座る」の使い方です。

Please be seated.は直訳すると「座った状態でいてください。」ですが、これが丁寧な表現として「お座りください」のニュアンスになります。

ただし、フードコートなどで席が1つ空いていて、向かいの席に別の人が座っている状況でIs this seat available?（この席は空いていますか？）と尋ねられたとき、「どうぞ座ってください。」と表現するにはどうしたらよいでしょうか。答えはPlease sit down.です。これはたんに「座ってください」という動作を言っているので、Please be seated.は適切ではありません。

ネイティブは「知る」と「知っている」を使い分けている

「知る／知っている」という言葉もややこしいです。「知る」と「知っている」では日本語でもニュアンスが違います。

ここでは基本的な単語でそれぞれニュアンスを確認していきましょう。

know（～を知っている）

knowは状態動詞で「～を知っている（状態）」という意味ですので、何かを新しくインプットするわけではありません。すでに何かを「知っている」というのが大前提になります。日本語では「習得している」とも表現します。例えばI know judo.（私は柔道を知っています。）という文は「すでに私は柔道のイロハが体に染みついている（習得している）」というニュアンスです。

また、Do you know where the nearest post office is?（最寄りの郵便局がどこにあるか知っていますか？）という文では「あなたが郵便局の場所を知っている状態ですか？」というニュアンスになるので、「～を知っていますか？」という文にはDo you know～？を使います。Do you learn～？ではニュアンスがおかしくなってしまいます。

learn（～を知る）

learnは動作動詞で「～を知る」という動作を表す単語です。

学校などではlearnを「～を学ぶ」と習ったかもしれませんが、これは派生した言葉です。learnの元々の意味は「～を知る」です。「知る」ということは「学ぶ」ということなので、「〜を学ぶ」という意味は後付けになります。

例えば、「私はギターの弾き方を知りたい」と表現するにはI want to learn how to play the guitar.となります。日本語では「ギターの弾き方を学びたい」とも言えますが、あくまでlearnは「〜を知る」という意味になります。

また、「私はそれを知りたい」と表現したいときはI want to learn it.となります。I want to know it.だとニュアンスが違います。直訳すると「私はそれを知っている状態にしたい」となってしまい、あまり適切でないことがおわかりいただけると思います。

ただし、「教えてよ！」と表現するにはLet me know.を使います。Let me learn.とは言いません。どういうことかというと、「教えてよ！」ということは「知識や情報を私の頭の中に入っている状態にさせてほしい」ということになるので、Let me know.のほうが正しい使い方になります。

be [get] aware of（knowやlearnの丁寧語）

be aware ofや**get aware of**はknowやlearnの丁寧語として使うことが多いです。

目上の人にはknowやlearnよりもbe aware ofのほうが適切です。
be aware of はknowに、get aware ofはlearnに相当します。

ビジネスの場面や目上の人に「そのことについて知りたいのですが」と表現したいときはI would like to be aware of that matter.などとします。

また、Please be aware of 〜で「〜にご留意ください」や「〜にご注意ください」などと少し意訳された形で表現されることもあります。

「身につける」と「身につけている」は違う

次は「身につける／身につけている」です。これも「身につける」という動作と、「身につけている」という状態では単語が変わります。この違いを確認しながら単語を見ていきましょう。

put on（～を身につける）

put onは動作動詞で「～を身につける」という意味なので、**何かを身につけていない状態から身につける状態へ変えるときの動作を表します。**「～を着る」と表現してもよいでしょう。

例えば、Please put on your coat before you go outside.（外に出る前にコートを着てください。）の文で次のwearを使うことはできません。「コートを着る」という動作を表すのでput onを使います。

このput onは服だけでなく、アクセサリーやメガネ、クリームなどに対しても使うことができます。入れ歯もput onを使います。

She put on her favorite necklace for the party.（彼女はパーティーのためにお気に入りのネックレスを身につけました。）やDon't forget to put on sunscreen before going to the beach.（ビーチに行く前に日焼け止めを塗るのを忘れないでください。）などと表現することもできます。

put onの反対の言葉はtake off（～を脱ぐ）です。飛行機に使うと「離陸する」の意味になりますが、飛行機と地面が離れるのと、体と服が離れるのは同じニュアンスなのでどちらもtake offが使われます。Please take off your shoes before entering the house.（家に入る前に靴を脱いでください。）などと表現します。

日本語では「服を着る」、「靴を履く」、「帽子をかぶる」、「ネックレスをつける」、「メガネをかける」、「入れ歯を入れる」とそれぞれ動詞が違いますが、英語はすべてput onです。

1つ注意点として、「それを着る」と代名詞を使うときはput it onのようにputとonの間に代名詞が入ります。ただ、ネイティブの会話ではput your hat on（帽子をかぶる）などと普通の名詞を入れることもよくあるので、必ずしも代名詞のときだけ間に入れるわけではありません。会話ではこのようにputとonの間に名詞を入れることが主流です。

wear（～を身につけている）

wearは状態動詞で**「～を身につけている（状態）」**という意味の単語です。put onは動作動詞なので、ここの違いをしっかりと理解しておくことが大切です。

例えばShe always wears a hat to protect herself from the sun.（彼女はいつも太陽から身を守るために帽子をかぶっています。）の文では「帽子をかぶっている（状態）」の説明をしています。

acquire（知識や技術を身につける）

acquireは「目に見えないもの」を身につけるときに使われます。つまり、「知識や技術を身につける」という意味や、「病気にかかる」という意味でも使われます。細菌やウイルスは目に見えないからです。しかし、「病気にかかる／感染する」はbe infected with～のほうが一般的です。

例えば、He has acquired a lot of knowledge through years of studying.（彼は数年間の学習を通じて多くの知識を習得しました。）などと表現することができます。

「get married to」と「be married to」の違い

次は「結婚する」です。これも「結婚する」という動作と、「結婚している」という状態では単語が変わってきます。この違いを確認しながら単語を見ていきましょう。

marry（～と結婚する）

marryは「～と結婚する」という意味の他動詞なので、そのまま目的語となる人がきます。ここがよくテストなどで問われる部分ですが、くれぐれもmarry withなどと前置詞を付けてはいけません。

プロポーズの言葉はWill you marry me?（私と結婚してください。）です。このフレーズは変えずに覚えてしまいましょう。そうすればmarryの後ろにwithがくることもないですし、Willの代わりにBe going toなどとすることもありません。ちなみにBe going toにしてしまうと「私はあなたと結婚することになっていますのでよろしくお願いします。いやいや、あなたの意見は関係ありません、もう結婚することになっていますので。」というかなり怖い表現になってしまいます。Willには「意志」のニュアンスが込められているので「私はあなたと結婚したい気持ちでいっぱいだ！」という意志を表すためにWillを使います。さらにWillは「意志（気持ち）は100%だけど、実現するかどうかは80%くらい」というニュアンスですので、プロポーズの言葉はWill you marry me?しかありません。もちろんDo you～？もダメです。「私の気持ちは別にして、あなたは私と結婚する？」という他人任せのプロポーズになってしまいます。

将来外国人と結婚しようと思っている人は覚えておきましょう！

get married to（～と結婚する）

get married toは動作動詞で「～と結婚する」という意味の熟語です。これだけだとmarryとまったく同じに見えます。しかし、シチュエーションが違います。

marryの文で主語になるのは基本「私（I）」か「あなた（you）」のどちらかです。marryは主観的な「～と結婚する」という単語ですので、当事者本人同士でないと使うことはできません。

一方、**get married toは客観的な「～と結婚する」という意味の単語なので、私やあなた以外の第三者視点で「～と結婚する」と表現するときに使う熟語になります。**例えば、She got married to her high school sweetheart.（彼女は高校時代の恋人と結婚しました。）などと表現します。

またget married toには現在完了形で表現することもあります。They have gotten married to each other after dating for five years.（彼らは5年の交際期間を経てお互いに結婚しました。）のように表現できます。

be married to（～と結婚している）

be married toも客観的なニュアンスの意味ですが、これはgetではなくbeが使われていますので状態動詞になり**「～と結婚している（状態）」**という意味になります。夫婦関係を表すための表現とも言えます。

例えば、She is married to a famous actor.（彼女は有名な俳優と結婚しています。）などと表現して「結婚している状態」を表します。

もちろんこちらも現在完了形で表現することができます。They have been married for ten years.（彼らは10年間結婚しています。）のように使います。

「practice」の本来の意味は「練習する」ではなく「実行する」

次は「練習する」です。これは練習の内容やニュアンスによって単語が変わります。自分の状況を正しく表すためにはしっかりと単語を使い分けることが大切です。それぞれの単語を確認しながら見ていきましょう。

practice（練習する／実行する）

practiceは「練習する」という意味で、一番知られている単語だと思います。**practiceは元々「実行する」という意味です。**そのため形容詞の形はpracticalとなり、「実用的な」の意味になります。

practiceは「実行する」の意味から、実際に体を動かしているニュアンスになります。ただし、あまり繰り返し行うようなイメージはないので、反復練習のようなときにはpracticeはあまり使わず、次のtrainingを使うほうがニュアンスはよく伝わります。

train（トレーニングする）

trainは日本語でも「トレーニングする」と表現しますが、practiceとの違いは、**trainは「自発的に」「能動的に」行う練習というニュアンス**があることです。また、何度も繰り返し行って鍛えたり、力や技を身につけるという意味合いがあります。

trainは元々「列車」のtrainと同じです。trainのニュアンスは「引きずる」というものなので、trainは「何度も引きずる」から「何度も何度も同じ練習メニューを繰り返す」というニュアンスになります。

exercise（運動する）

exerciseは「体を動かす」というニュアンスです。このように言うと「practiceやtrainはどうなのか？どちらも体を動かしているのに？」と思うかもしれませんが、practiceやtrainは、じつは「体を動かす」必要がありません。実際に、I practice the piano.（私はピアノの練習をします。）と表現しますが、ピアノの練習では体を動かしません。動かすのは指先くらいですね。また、I am training math problems.（私は数学の問題の練習をしています。）と表現することもできます。これも体は動かさずに頭を動かして、何度も何度も問題を解いているニュアンスです。

そのため、exerciseは「必ず」体を動かすことが前提になります。ピアノや計算問題の練習ではexerciseは使えませんので注意しましょう。

practiceやtrainと区別をするために、exerciseは練習するというより「運動する」と覚えたほうがよいでしょう。

drill（訓練する）

drillは日本語でも「計算ドリル」などと表現しますが、これも要するに計算の練習問題という意味です。**drillは「他の人に決められたことをやる」、「人から言われてやらされている」というニュアンスになります。**

練習というより「訓練」と表現するほうが適切な場合もあります。例えば「避難訓練」はevacuation drillsと表現します。訓練なら良いのですが、私が海外で一度経験したアナウンスはThis is not drill.（これは訓練ではありません。）というものでした。ということは「このサイレンは本物で、本当に災害が発生したのか！」とわかって、とてもビックリした記憶があります。

「守る」はニュアンスによって4つに使い分ける

次は「守る」です。これも状況やニュアンスによって単語が変わります。それぞれの単語を確認しながら見ていきましょう。

guard（見張って守る）

guardは**「見守っている」**というニュアンスです。「見張る」という意味でも使われます。日本語でも「ガードマン」と表現するように、**人でも機械でも何か悪いことが起きないように「見守る、見張る」ときに使われます。**

例えば、The security guard is responsible for guarding the entrance.（警備員は入口を守る責任があります。）やThe soldiers are guarding the border.（兵士たちは国境を守っています。）などと使います。

protect（事前に手を打って守る）

protectは名詞と動詞があるので、「保護」の意味の名詞は「プロテクト」とアクセントが前に、「守る」の意味の同士は「プロテクト」と後ろにアクセントがきます。

protectは**「事前に手を打って守る」**というニュアンスです。「そうならないようにあらかじめ手を打っておく」という意味です。

例えば、Parents protect their children from harm.（親は子供たちを危険から守ります。）や、This antivirus software can protect your computer from virus.（このウイルス対策ソフトはコンピュータ

をウイルスから守ります。）などと使います。

defend（力尽くで守る）

defendは**「襲ってくる相手から力尽くで守る」**というニュアンスです。「今その瞬間何かが襲ってきている」状態なので、まだ事が起きていないときに使うguardやprotectとはニュアンスが明らかに違います。

サッカーのディフェンダーも相手の攻撃に対し、体を張って力尽くで守っていますね。サッカーのシーンを思い浮かべると、このdefendをイメージしやすいと思います。

例えば、The soldiers defended their position against the enemy's attack.（兵士たちは敵の攻撃に対して陣地を守りました。）のように使います。

secure（心配を取り除いて守る）

secureは**「心配を取り除いて守る」**というニュアンスです。どういうことかというと、例えば、Hey, let's go to the shrine to secure.（ねぇ、ご祈願のために神社に行かない？）などと表現します。この文では「神社でお祈りをすることで心配が取り除かれる、安心する、心が落ち着く」という意味合いになりますね。このような場合にsecureは使われます。

他にはThat system secures us.（あのシステムが私たちを守ってくれる。）などと表現します。防犯ベルやブザーなどもそうですし、泥棒から家を守るシステムなどのときにもsecureを使います。何かあれば警備会社が対応してくれる設備のことをホームセキュリティー（home security）と言うように、secureの名詞形を使って、日本語でも同じようなニュアンスで使われています。

怪我の「しかた」で単語が変わる

次は「怪我をする」です。これも物理的なのか、精神的なのかだけでなくシチュエーションによって単語が変わってきます。この「怪我をする」シリーズの単語は本当に苦手としている日本人が多いです。それぞれの単語をしっかりと確認していきましょう。

be hurt（怪我をする）

be hurtは、**「怪我をする」という意味ですが、ニュアンス的には「傷つく」です。**

物理的な（外科的な）怪我と、精神的な怪我（心の傷）の両方で使うことができます。

物理的な傷の例としては、She fell down the stairs and hurt her ankle.（彼女は階段から落ちて足首を痛めた。）です。

精神的な傷の例としては、I am hurt.（私は心が傷ついている。）や、His pride was hurt when he failed the exam.（彼は試験に失敗してプライドが傷ついた。）などがあります。

このように、be hurtは広い意味で使われているので、困ったらbe hurtを使えば大丈夫です。

be injured（事故などによって怪我をする）

be injuredは、**「物理的な怪我」**に使います。精神的な傷には使えません。**特に、「事故などのアクシデント」や「スポーツでの怪我」などで使わ**

れます。

例えば、The athlete was injured during the game.（その選手は試合中に怪我をしました。）や、Several people were injured in the car accident.（その交通事故で数名の人が怪我をしました。）などと表現します。

be wounded（武器によって怪我をする）

be woundedは、発音に注意が必要です。「ビー・ワゥンデッド」ではなく、「ビー・ウォーンデッド」です。

基本的に、be woundedは、戦争やテロなど、おもに戦場での怪我に使います。「攻撃されて痛めつけられる」というニュアンスです。戦闘や攻撃で怪我をするというニュアンスなので、be hurtやbe injuredよりも深刻な傷や戦傷を表します。要は、**「重傷」**という意味合いです。

例えば、The soldier was wounded in the battle.（その兵士は戦闘で負傷した。）や、The gunshot left him severely wounded.（銃撃により彼は重傷を負った。）などと表現します。

他に、be woundedは「いじめで傷つけられた」という意味でも使われます。精神的な傷なのでbe hurtでも問題ありませんが、be woundedに含まれる「重傷」というニュアンスから、**be hurtよりも「深く傷ついている」というメッセージが相手に伝わります。**

be woundedは「武器で傷つけられる」のニュアンスなのに、どうして「いじめ」でも使えるのかと言うと、「言葉も武器」だからです。これは日本語でも英語でも同じです。しっかり肝に銘じておかなければなりません。

例としては、She was deeply wounded by his bullying.（彼女は彼からのいじめにひどく心を傷つけられた。）などと表現できます。

おわりに

高校時代まで、じつは私自身も「英単語は根性で暗記しなければいけない」と思い込んでいたうちのひとりでした。

転機が訪れたのは、大学1年生のときです。

大学でスペイン語を専攻していた私は、ある日、スペイン語の教科書に登場するスペイン語の単語の多くが、英語の単語と酷似していることに気づきました。例えば、英語の「family（家族）」は、スペイン語で「familia（ファミリア）」、英語の「difficult（難しい）」は、スペイン語で「difícil（ディフィシル）」といった具合です。

その後、このような英語とスペイン語の相似点が気になった私は語学書を読み漁りました。その結果、たどり着いたのが「語源」だったのです。

英語とスペイン語は、ともに「ラテン語」という共通の先祖がいます。ラテン語から、「歴史的背景」、それに伴う「文化」「習慣」「宗教観」などが絡み合った結果、英語とスペイン語の単語にそれぞれ分かれていったのです。このような単語の「理解（解釈）」が深まるにつれ、「単語のつづり」から成り立ちの「物語」が少しずつ目の前に浮かび上がるようになりました。そして、気づけば初見の単語の多くが、単語のつづりから連想で意味を導き出せるようになっていたというわけです。

本書をきっかけに、みなさんが、かつての私のように「暗記の呪縛」から解き放たれ、「単語の物語」を楽しみ、暗記しなくとも「多くの単語の意味が自然と見えてくる本物の単語力」を手に入れることを願ってやみません。

2023年7月

牧野智一

本書の無料特典として、ページ数の関係で今回掲載できなかった未公開の原稿（PDF）を、読者の皆様にプレゼントさせていただきます。
ご興味のある方は、下記のURLまたはQRコードよりアクセスお願いいたします。

https://memolish.jp/book23

※本キャンペーンは予告なく終了することがあります。あらかじめご了承ください。
また、本キャンペーンおよび無料特典の内容について、出版元は一切の責任を負いません。

著者プロフィール

牧野智一（まきの・ともかず）

通訳者・翻訳家。常葉大学 外国語学部 非常勤講師。
1968年、静岡県掛川市生まれ。元米大統領ジミー・カーター氏の会見通訳や、キング牧師親族の取材通訳を担当。1996年アトランタ夏季オリンピックではIOC公式通訳としてカール・ルイスやバスケットボールのドリーム・チームなど有名アスリートの通訳を担当する。またアメリカのメジャーリーグの球団広報通訳、ブルース・ウィリス、ベン・アフレックをはじめとする映画スターの通訳など、通訳者として多方面で活躍。2013年日本政府主催「ASEAN40周年音楽祭」代表通訳。AKB48、EXILEの通訳担当。2016年オバマ元大統領の広島訪問時スピーチ全文翻訳を担当。通訳の仕事と同時に勤めていた大手予備校の英語の授業では、「面白く、かつわかりやすい！」と生徒の間でたちまち評判となり、人気講師となる。現在は、第一線で通訳者として活躍する傍ら、大学で教鞭を執っている。また小学校・中学校・高等学校の教育者への授業法指導も行っている。タレントの小倉優子氏の大学受験時には英語を担当し、志望校に合格させる。
著書に、『一度読んだら絶対に忘れない英文法の教科書』『一度読んだら絶対に忘れない英会話の教科書』『30日でネイティブとスラスラ話せるようになるすごい英語音読』（以上、小社刊）がある。

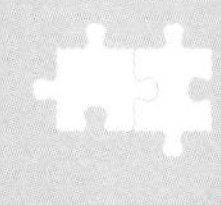

一度読んだら絶対に忘れない英単語の教科書

2023年9月1日　初版第1刷発行
2024年9月30日　初版第6刷発行

著　者	牧野智一
発行者	出井貴完
発行所	SBクリエイティブ株式会社 〒105-0001　東京都港区虎ノ門2-2-1
装　丁	西垂水敦（krran）
本文デザイン	斎藤充（クロロス）
本文図版	さかがわまな（Isshiki）
本文DTP	クニメディア
特別協力	星野 真（ACラーニング株式会社）
編集協力	佐藤謙治
編集担当	鯨岡純一
印刷・製本	日経印刷株式会社

本書をお読みになったご意見・ご感想を
下記URL、またはQRコードよりお寄せください。
https://isbn2.sbcr.jp/20196/

落丁本、乱丁本は小社営業部にてお取り替えいたします。
定価はカバーに記載されております。
本書の内容に関するご質問等は、小社学芸書籍編集部まで
必ず書面にてご連絡いただきますようお願いいたします。

ISBN　978-4-8156-2019-6